»Was heute in der City vor sich geht, beeinflusst uns mehr als je zuvor.«

Philip Coggan, ›The Money Machine. How the
City Works‹

TAMO GENGEL

WIE DIE LONDONER
IHREN FINANZPLATZ
SEHEN

VERSCHIEDENE STIMMEN ZUR CITY

Dieses Buch ist das Ergebnis eines Projekts, das gefördert wurde mit einem Stipendium der Stiftung für Studienreisen ZIS, Schule Schloss Salem [www.zis-reisen.de]; unterstützt wurde das Projekt auch von der Bildungsorganisation der Vereinten Nationen:

Hinweis: Die Antworten meiner Interview-partner spiegeln nur deren Meinungen wider und in keinem Fall die ihrer Arbeitgeber.

© 2013 Tamo Gengel, Karlsruhe
tamogengel@yahoo.de
Herstellung und Verlag:
BoD [Books on Demand, Norderstedt]
ISBN 978-3848-232-666

Übersicht

Meine ersten Eindrücke

In London steige ich aus dem Bus, auf den ersten Blick sehe ich 33 Bankautomaten von der Bank of America bis zur Zurich Invest Bank nebeneinander aufblinken. Sofort bietet mir jemand 17.000 toxische Vorzugsaktien der HSBC Bank an, ein Banker daneben wirft seinen gerade in Cash erhaltenen 500.000-Pfund-Bonus vor gieriger Freude in die smogdurchtränkte Londoner Luft. Drei Leute mit Guy-Fawkes-Masken und Baseballschlägern schlagen auf die Bankautomaten ein …

Ist es wirklich so gekommen? Wird ein Besucher des größten Finanzplatzes der Welt entsprechende Vorurteile bestätigt finden? Als ich in London aus dem Bus in den ungetrübten Sonnenschein steige, sehe ich tatsächlich als erstes ein halbes Dutzend Bankautomaten der größten Banken aneinandergereiht. Das hängt aber nicht zwingend zusammen mit der Größe des Finanzplatzes hier[1]; das liegt wohl mehr an der hohen Einwohnerzahl der Stadt: für rund 10 Millionen Einwohner in der Großregion muss London einiges bieten, was Infrastruktur und Geldversorgung angeht.

Wie beeinflusst der Finanzplatz die Stadt London? Was halten Londoner Banker von ihrem Finanzplatz, dem größten der Welt[2]? Welche Haltung steckt hinter ihren Meinungen? Was haben die Gegner des Systems daran auszusetzen?

Vor zwei Tagen bin ich 18 geworden, und jetzt will ich den Finanzmarkt aus Sicht eines

---

[1] Rund 600.000 der 8 Millionen Londoner arbeiten im Finanzsektor oder branchennah, schätzt die offizielle britische Studienabsolventen-Beratung [http://www.prospects.ac.uk/accountancy_banking_and_finance_sector_overview.htm]
[2] Laut Global Financial Centres Index 2012

jungen Erwachsenen erkunden, will zu diesen
Fragen Antworten finden in der City selbst.

Ich komme an der Victoria Coach Station an,
es ist Hauptverkehrszeit. Wie gelange ich
schnell zur City? Diese Frage haben sich auch
andere gestellt und ebenso beantwortet wie ich:
während der Rush-Hour sieht man massenhaft
Leute mit Anzug, Aktentasche oder Laptop,
wenn man die Central Line fährt. Diese hält bei
der Station ›Bank‹ – das erklärt fast alles, was
man zunächst wahrnehmen kann: rudelweise
Finanzgeschäftsleute nutzen die ausgefeilten
Versorgungsnetze, die London ihnen aufbaute.
   Typisch für die ›Bank‹-Station ist z.B. diese
Werbung:

Ein Online-Broker wirbt hier mit seinem geringen Spread, der Kursdifferenz zwischen dem Kauf- und Verkaufskurs von verschiedenen Anlageprodukten. Je geringer der Spread, umso besser für den Anleger.

›Train is for Bank‹-Schriftzug in einem DLR-Zug.

Außer der U-Bahn als Transportmöglichkeit gibt es hier die Taxis, Docklands Light Railway DLR, Doppeldeckerbusse oder mietbare Fahrräder mit großem Barclays-Bank-Logo. Bei Touristen beliebt sind die knallroten Doppeldecker-Busse; doch am populärsten ist die Tube, selbst bei Finanzgeschäftsleuten. »Mehr als eine Milliarde Menschen fahren pro Jahr mit der Tube«[3], diese Werbung der städtischen Untergrundbahn spricht für sich.

Einzelfahrten mit der Tube aber kommen teuer. Ein günstiges Angebot ist die Oyster-Card. Mit dieser wird bei jeder Fahrt die billigste Fahrtmöglichkeit berechnet und von der Karte abgebucht: diese automatischen Services ›verfolgen‹ einen Schritt für Schritt: sie gewährleisten schnelle reibungslose Manöver im Dickicht der Stadt: besonders nützlich für Finanzgeschäftsleute.

Überfüllt ist die Tube nur während der peak-time, der Hauptverkehrszeit zwischen 8-9 und von 17-19 Uhr. An manchen Stationen wird gebaut, um Stau-Probleme zu lösen. Die Tube wirbt hier mit dem Spruch: »Die Tube wird

---

[3] »The Tube carries more than a billion people a year.«

aufgerüstet, um London am Laufen zu halten … «[4]

Als erstes also fiel mir die moderne Infrastruktur auf, die notwendig ist, um den Einwohnern wendige Bewegungen zu ermöglichen. Das gewaltige Ausmaß dieser Infrastruktur wird mir erst nach und nach deutlich, es zeigt sich im Großen und an Einzelheiten.

Um nicht noch mehr Stau zu erzeugen, gibt es im Londoner Stadtverkehr entsprechende Regeln, zum Beispiel fürs Benutzen von Rolltreppen: »rechts stehen, links gehen!«, die viele Touristen oft übersehen oder vergessen und dann von den Einheimischen nicht selten ›zusammengefaltet‹ werden, denn sie behindern das nahtlose Strömen der Masse.

Also fahre ich mit der Central Line – wie symbolisch – zum Finanzzentrum. Als ich das erste Mal in die City komme – so nennen

---

[4] »The Tube is being upgraded to keep London moving.«

Londoner das Finanzzentrum –, merke ich schnell, dass es zu groß ist, um es bei einem Besuch zu überblicken.

Ich bin extra zur peak morgens hin, um die rush-hour zu erleben. Ein einzigartiges Erlebnis für jeden Neuankömmling. Hunderte von Geschäftsleuten hier und da und dort drüben … Ein zweites Shibuya wie die weltgrößte Straßenkreuzung in Tokio ist hier aber nicht zu finden, da es nicht eine einzige Mitte gibt, an der die Hauptverkehrsadern zusammenlaufen, wo dann mehrere hundert Leute auf einmal die Kreuzung in der Stadtmitte überqueren.

Die Finanzinstitutionen der City sind verteilt über halb London. Mit drei Zentren: The City, Canary Wharf, und Mayfair.

›The City‹, also das Zentrum, ist nicht unbedingt vollgepfropft mit Banken; hier findet man eher Versicherungen und Fondsgesellschaften. Canary Wharf, das im Südosten liegt, stcht für die wirklich großen Hochhäuser und ist als das eigentliche Bankenviertel bekannt. Mayfair wurde eine beliebte Gegend für Privatbanken, Hedgefonds oder Vermögensberater. Mayfair liegt eher im Westen Londons und gilt als reichere Gegend. So haben die wohlhabenden Fondsmanager ihren Arbeitsplatz fast vor der alarmgesicherten Haustüre.

Ein Bild zur Rush-Hour mitten in der City

Fast jeder um mich hier in der City wirkt enorm geschäftig, mit dem Handy am Ohr und der kostenlosen [!] City A.M. Finanz-Zeitung oder der Aktentasche unterm Arm.

Anzugsträger in der City; im Hintergrund die
Bank of England mit Olympiawerbefahnen

Einer meiner Interviewpartner – Bertrand
Beghin –, beschreibt diese Bürohochhäuser als
Ameisenbauten, in denen alle Mitarbeiter wie
Ameisen im Team durcheinanderschwärmen
und zusammenarbeiten. Um 9:15 Uhr sind die
meisten an ihren Schreibtischen in den Hoch-
häusern, viele werden bis nach 20 Uhr da sein.

»London is a playground for rich people«

»In London leben die reichsten Leute«[5], meinte Steve McCash[6], ein Fondsmanger eines norwegischen Fonds. Die teuren Restaurants und Bars, die exklusiven Veranstaltungen, die großen Glasfassaden, vielleicht auch die hübschesten Frauen, und sicher die teuersten britischen Autos wie Bentleys oder Aston Martins und den größten Finanzplatz vor der Türe: das macht London zum »Spielplatz« für reiche Leute wie russische Ölmilliardäre oder Hedgefond-Manager.

Hedgefonds sind spekulative Investmentfonds, da sie oft mit komplexen Anlagestrategien arbeiten. Das heißt: wie der jeweilige

---

[5] »There are the wealthiest people in London.«
[6] Auf Wunsch meiner Interviewpartner änderte ich die allermeisten Namen.

Manager das Geld anlegt, ist nicht leicht zu durchschauen; und er wird seine Betriebsstrategie kaum einem Fremden verraten. Um einengenden Gesetzen auszuweichen und Geld einzusparen, benutzen Hedgefond-Manager einige Tricks, die Hedgefonds riskant machen. »Die Hedgefonds sind oftmals in einer Steueroase wie den Cayman Inseln registriert, um Steuern aus dem Weg zu gehen … Das bedeutet aber gleichzeitig, dass sie nur geringfügig reguliert und überwacht werden.«[7]

Hier wird tagsüber Geld gemacht und abends wird es wieder ausgegeben. So konnte z.B. mein Gastgeber Mr. Scooter deshalb früher von der Arbeit nach Hause gehen, weil sein Chef mit einem Klienten zum Yoga ging.

---

[7] »They are usually registered in an offshore haven like the Cayman Islands to give them tax privileges … but this also means they are very lightly regulated.« [The Money Machine. How the City Works, S. 84]

Eine Limousine mitten in Canary Wharf

»Der Kunde ist König«, er wird zu den ver-
schiedensten Gelegenheiten eingeladen, zum
Golfen, in den Pub oder zu einem Abstecher in
einen Nachtclub. Natürlich kam die Olympiade allen gelegen [sie spielte in London als einziger Stadt schon zum dritten Mal auf]. Matt-
hew, Praktikant eines Staatsfonds, sagte mir,
fast alle seine Kollegen gingen mit ihren Kunden zur Olympiade, außer ihm. Er musste die
halbe Nacht im Büro verbringen, »da Prakti-
kanten gern überfordert werden«. Viele erzähl-

ten von 15-Stunden Tagen; morgens um 9 ins Büro und nachts um 12 nach Hause. So musste Otto Dixx, ein Investment-Professional eines Real-Estate-Fonds, den Termin fürs Interview drei Mal verschieben, da er »im Moment gekillt wird«, schrieb er mir. »Im übertragenen Sinn natürlich.«

»Es ist wichtig, den Kunden zu kennen. Und er soll denken du seist sein Freund«[8], sagte Jason Lloyd, ein Investment-Manager eines Fonds im Lloyd's Building. Der Kunde soll spüren: wir sind in einem Boot, und sein Geld ist bei dir sicher. Ohne Klienten überlebt man nicht am größten Finanzplatz der Welt, ohne Kunden kein Geld.

Der Finanzsektor gehört zum Dienstleistungssektor, »was ein Fondsmanager niemals vergessen darf«, wie der Fondsmanager Steve McCash betonte. Investment-Manager bieten einen Service an, der nur über Investoren

---

[8] »It's important to know the client, and he should feel like you're his friend.«

beziehungsweise Kunden laufen kann. »Es ist nicht dein eigenes Geld, das du managst, sondern das deines Klienten.«

Es ist ein Volkssport, die Gehälter von Bankern oder Hedgefond-Managern zu kritisieren. »Manche von diesen Clowns verdienen in einer Woche mehr als ein Lehrer im ganzen Jahr.«[9] Wenn jemand im West End ein 20 Millionen Pfund teures Stadthaus kauft oder bei einer Sotheby's-Auktion einen russischen Ölmilliardär überbietet, steckt wahrscheinlich ein Hedgefond-Titan dahinter.

James Almighty ist einer von diesen. Er nannte mir einen überraschenden Grund, warum die Gehälter bei manchen seiner Kollegen so hoch sind. Mit »there is one thing or one reason that answers the question« setzte

---

[9] »Quite a few of these clowns earn more in a week than a teacher in a year ...«, Cityboy, S. 139

er an, und dann: »The finance business is the only industry with scale ability!«[10]

Nehmen wir an, ein Fondsmanager managt 5 Millionen Pfund. Er sei erfolgreich, und andere Investoren wollen nun auch ihr Geld in seinen Fond investieren, am Ende managt er 500 Millionen €uro. Das Interessante ist, dass er nicht zwingend mehr Leute einstellen muss, um dieses Vermögen zu managen.

Dies meint James: das von ihm kontrollierte Geld wächst, jedoch nicht unbedingt die Mitarbeiteranzahl. Dem Bankkonto ist es nämlich gleich, ob da 100.000 £ steht, oder 500.000.000 £: ein Bankkonto verträgt problemlos weitere Stellen vor dem Komma, also Potenzierungen seiner Daten. Dem Fondvolumen entsprechend erhält aber der Fondsmanager einen höheren Lohn, über seine Erfolgsprämie [die natürlich auch von der Rendite abhängt, vom

---

[10] »Das Finanzgeschäft ist die einzige Industrie mit Skalierfähigkeit!«

Wachstum] – obwohl er prinzipiell die gleiche Arbeit leistet.

In anderen Industrien ist das anders. Zum Beispiel in der Automobilbranche. Mehr Aufträge bedeuten erhöhten Platzbedarf, mehr Material und mehr Mitarbeiter – bei annähernd gleichem Gehalt für jeden Arbeiter …

Ich frage ihn, wie viele Leute bei ihm arbeiten. Er sagt: »On a good day, about 80%!«[11] Trotz einer 70-80 Stunden Woche hatte er zu allem einen coolen Spruch auf Lager![12] Oder umgekehrt: kann nur jemand mit Humor eine so große Konzentrationsleistung jeden Tag bewältigen? Wahrscheinlich deshalb meint ›Cityboy‹ Geraint Anderson, die wichtigsten Dinge in der City seien Freigiebigkeit und Partys, um die neusten Daten auszutauschen und den enormen Druck mit lockeren Sprüchen abzufangen.

---

[11] »An einem guten Tag um die 80%!«
[12] Es sind wohl ein Dutzend Mitarbeiter.

Von der Seite der Einwohner betrachtet, die nicht das große Geld haben, ist London fast unbezahlbar. Die Londoner Mietpreise sind unglaublich hoch, z.B. zahlt man 2.000 € für eine 46 m² kleine Einzimmerwohnung in Central London, oder 1200 € für eine 45 m² Einzimmerwohnung im Stadtteil Brixton. Zum Vergleich: in Freiburg kostet eine 50 m² Wohnung um die 500 € Miete, in Köln 550 €. Für manche wird auch das Central-Tube-Ticket für knapp 1200 £, also 1500 € pro Jahr, unerschwinglich. Essengehen ist für Normalverdienende kaum möglich, 5 £ zahlt man schon für ein kleines Baguette zum Mitnehmen, was umgerechnet 6 € sind.

Die Bedienung eines bekannten Kaffeehauses meinte, ihre Produkte würden überteuert verkauft, zwei Drittel der Kunden seien eben Geschäftsleute, die sich öfter mit Kunden hier träfen. »Sie reden oft übers Geschäft.«[13]

---

[13] »They often talk about business.«

Ähnlich die Meinungen der von mir interviewten Fußgänger. London boomt, man zahlt
eine hohe ›Aufenthaltsgebühr‹, um eine beein-
druckende Stadt zu erleben, die man aber nicht
vollständig ausnutzen kann, da vieles unbezahlbar teuer ist. Eine Kinokarte in Londons
Innenstadt kostet 50 €! Das also ist die erste
Auswirkung des Finanzplatzes auf die Rest-
stadt: wo einige viel Geld verdienen, steigen die
Preise – auch für den Rest der Einwohner.

Das Geschäftsmodell der City hat aber auch
gute Seiten für London. So wird die Unter-
haltungs- und die Kunstbranche angekurbelt,
die Unternehmen in diesen Industrien wachsen. Luna von einer Organisation für Wirtschaftsberater meint: »Der Finanzplatz fördert
zwar Arbeitsplätze…«, und fügt hinzu, »aber
das Preisniveau ist immer noch hoch und daher ein negativer Aspekt für diejenigen, die
nicht in der Finanzbranche arbeiten.«[14]

---

[14] »It also creates job opportunities, but there
is still this high price level and therefore a bad

9 von 10 meiner Interviewpartner sprachen dieses hohe Preisniveau an. Shakespeares Hinweis »put money in thy purse«[15] gilt offenbar mehr als je zuvor, will man nach London reisen. Auch Brett Scott, der zwei Jahre als Derivate Broker arbeitete und nun einen eigenen Blog zum Thema ›finance business‹ in London führt, bestätigt, dass das hohe Preisniveau andere Branchen erheblich beeinflusst. »London as a financial centre impacts the entire world«[16], war sogar seine Aussage.

Die Stadt London zieht jährlich 30 Millionen Touristen aus aller Welt an, mit ihren grandiosen City-Bauten wie ›The Gherkin‹, ›Die Gurke‹, vom englischen Architekten Norman Foster, der z.B. in Frankfurt den

---

aspect for people not working in finance business.«

[15] »Steck Geld in deine Börse!«, ›Othello‹ 1,3
[16] »London hat als Finanzplatz Auswirkungen auf die ganze Welt.«

Commerzbank Tower baute und in Hongkong das Shanghai-Bank-Hochhaus.

Architektonisch setzt die City europäische Maßstäbe auch mit dem gerade vollendeten Wolkenkratzer ›The Shard‹ von Renzo Piano [von dem auch das Pariser Centre Pompidou stammt]. Mit der ›Scherbe‹ hat London das höchste Gebäude des Erdteils, 310 m steil [zählt man Moskau nicht zu Europa].

Und es geht weiter mit Prestigebauten; an vielen Ecken kann man Baustellen und große Kräne sichten.

2014 wird zum Beispiel das Leadenhall Building direkt zwischen Lloyd's und The Gherkin zu sehen sein.

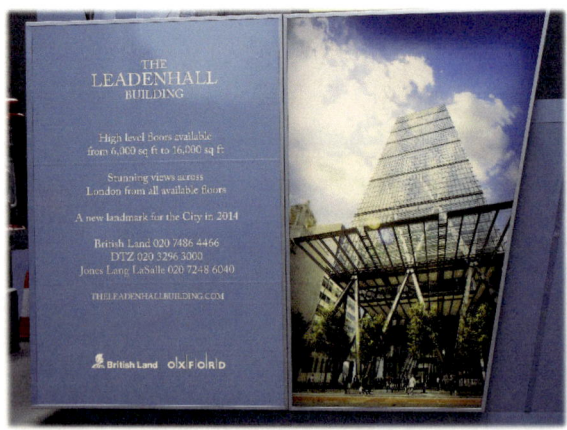

Die London-Interviews

Am liebsten zeigte ich hier Bilder meiner Gesprächspartner. Doch keiner wollte Aufnahmen: keine Tonaufnahmen, keine Bildaufnahmen – überhaupt keine Namen … Weder die Finanzgeschäftsleute noch die Occupy-Anhänger: nicht einer. Diese deutliche Absage an die Öffentlichkeit überraschte mich. Umstrittene Positionen, offensichtlich. Regel #1 also: keine Namen; ich musste sie ändern.

Aber schließlich zählen die Inhalte der Interviews. Hier also Ausschnitte daraus; alle fanden statt im August und September 2012.

Gespräch in einer Bar neben dem Lloyd's Building mit Jason Lloyd, Asset-Manager

▪ Was wäre London ohne den Finanzplatz?
Ohne den Finanzplatz wäre die Stadt an sich ärmer, viel ärmer. In den 1980er-Jahren litt

London an einem Einwohnerschwund.[17] Seither kamen wieder 1,5 Millionen neue Einwohner hinzu. Da wuchs London hauptsächlich durch den Ausbau des früheren Hafens ›Isle of Dogs‹ zum Hochhauskomplex von Canary Wharf. Neue Arbeitsplätze entstanden, was die Stadt in jeder Hinsicht bereicherte. Die Finanzbrache war in den letzten 30 Jahren der Motor der städtischen Entwicklung.

■ Was war Ihr bemerkenswertester oder markantester Tag in der City?
Vor 10 Jahren, als ich noch Broker war, kam ein Vertreter eines Unternehmen gleich montagmorgens zu mir und erzählte mir, wie stark sein Unternehmen sei. Er beschwor mich, unbedingt Aktien dieses Unternehmens zu kaufen. Weil ich noch jung war und neu im Geschäft, glaubte ich ihm und kaufte dann diens-

---

[17] 1940 lebten in London 9 Millionen Menschen, 1980 nur noch 6,8 Millionen.

tags einige Aktien. Freitags verlor diese Aktie 50% an Wert. Es stellte sich heraus: der Vertreter hatte gelogen, er wusste vom kommenden Kurseinbruch. Daraus habe ich gelernt, wie schwer es ist, reichen Leute zu trauen.[18]

Auch 9/11 war ein außergewöhnlicher und schlimmer Tag! Nach dem Einschlag in den WTC dauerte es lediglich 9 Sekunden, bis der Markt ein Fünftel seines Wertes verlor, 20%!

▪ Wie sieht ein normaler Arbeitstag bei Ihnen aus?

Ein normaler Tag sieht so aus: um 7:30 bin ich bereits im Büro und schaue mir die News an. Danach telefoniere ich mit verschiedenen Klienten über interessante Investments. Wenn der Markt öffnet, fange ich mit dem Traden an. Mir gefällt, dass jeder Tag anders verläuft, da an der Börse nie zweimal das Gleiche passieren wird. Das Schlimmste an meinem Job ist: wenn

---

[18] »It's hard to trust people with money.«

man seinen Klienten sagen muss, dass man Geld verloren hat …

■ Wie ändern sich die Leute, wenn sie reich werden?
Gute Frage! Ich zitiere hier George Orwell: »rich people are like poor people with money."[19]

Das beleuchtete Lloyd's Building in der Dämmerung

---

[19] »Reiche Leute sind wie arme, nur mit Geld.«

Einen Banker sprach ich auf offener Straße an wegen eines Interviews; er fragte, ob wir das kurz während des Gehens erledigen könnten, er sei in Eile. Er trug einen Anzug, sah aus wie ein Cityboy und war geschätzte 30 Jahre jung.

■ Was ist Geld? Gefällt Ihnen Geld?
Geht es bei mir um Geld, heisst das immer: Geld zu machen. Und beim ›Geldmachen‹ ist es wichtig, das Risiko einschätzen zu können.[20] Beim Deal zählt, das Risiko zu kontrollieren und es bestenfalls zu vermindern.

■ Welche Arbeiten würden sie verabscheuen, selbst bei gleichem Gehalt?
Mmh, siehst du ihn? [Er deutet auf einen Bauarbeiter an einer Straßenbaustelle.] Diese Art von Arbeit. Selbst bei besserem Gehalt …

■ Was gefällt Ihnen am Finanzplatz London?

---

[20] »Business is about control.«

Am meisten am Finanzplatz London gefällt mir das ganze Netzwerk und das funktionierende System. Hier kannst du jeden anrufen, den du brauchst. Egal, ob es der Analyst von Goldman Sachs, der Trader von der Citigroup oder dein Rechtsanwalt ist.

■ Was ist Ihr persönliches Ziel?
Mein persönliches Ziel ist es, mit meinen Freunden einen eigenen Hedgefond zu eröffnen und ihn erfolgreich zu managen. Dann wären wir unabhängiger von unserem Arbeitgeber, was alles etwas vereinfachen würde.

Das One Canada Square Building auf Canary

Wharf ist mit 236 m Höhe das zweithöchste Gebäude Londons nach ›The Shard‹

David Dewhurst, Occupy-Anhänger

■ Was denken Sie allgemein über den Londoner Finanzplatz?
Meiner Meinung nach ist er eine Enttäuschung. Es hilft zwar der Wirtschaft, aber es zerstört mehr, als dass es hilft. Die Verantwortlichen für die riskanten Deals haben kein reales Gespür mehr, was Geld ist.

■ Welchen Einfluss hat das Finanzzentrum London auf die Stadt?
Es pumpt eine Menge Geld in die Hauptstadt. Daraus folgt, dass das Preisniveau enorm hoch ist im Vergleich zu anderen großen europäischen Städten. Man kann sich kaum noch einen Kaffee leisten.

■ Gefällt Ihnen Geld nicht?
Ja, klar doch! Aber nicht so stark, dass ich
meine eigenen Kunden prellen müsste.

■ Warum tragen Ihrer Meinung nach die
Finanzgeschäftsleute so oft einen Anzug?
Es strahlt sofort Seriosität aus. Und es macht
die Träger stolzer als sie sind, was eigentlich
lächerlich ist.

■ Beneiden Sie die Finanzleute?
Ich hätte nichts dagegen, viel Geld zu haben!
Aber viele von den Finanzleuten haben ein an-
strengendes und langweiliges Leben. Ich bin
froh, keiner von diesen zu sein.

Ein Occupy-Sticker
mit der Aufschrift
»Liboration-Occupy«;
auf einem Leihfahrrad
über dem Bankenlogo
von Barclays geklebt

Mike Mompi, Head of Innovation bei der Non-Profit-Organisation ›MyBnk‹

■ Was ist Geld für Sie? Gefällt Ihnen Geld?
Geld ist gegenwärtig; es hat keinen wirklichen
Wert. Und nur ein kleiner Teil der Menschheit
verfügt über viel Geld. Ein interessanter Fakt:
1% der Bevölkerung besitzt 99% des weltweiten
Vermögens. Die restlichen 99% besitzen dem-
nach nur 1%! Wir sollten schon früh unseren
Kindern die Geldpolitik näherbringen. Persönlich gefällt mir das Prinzip des ›Shared-Value-
Konzepts‹, das der Wirtschaft nachhaltig hilft
und nicht nur kurzzeitig.[21]

■ Was missfällt Ihnen am Finanzplatz London?
Da gibt es einiges! Erstens missfällt mir die ein-
geschränkte Sichtweise, die Personen aus der

---

[21] Das Shared-Value-Konzept erhöht die Kon-
kurrenzfähigkeit eines Unternehmens und ver-
bessert zugleich die Bedingungen der Gemein-
schaft, in der es tätig ist: finanziell und sozial.

Finanzbranche bekommen. Ich habe Freunde, die eine halbe Million Pfund pro Jahr verdienen und gerade mal 25 Jahre jung sind. Das zerstört ihnen den Sinn für die Realität, fürs wahre Geld- und Weltbild.

Die Zeit ist mein zweiter Kritikpunkt. Dort geht alles so schnell und es hört nie auf. Der Kalender ist so voll, dass man seinen Freunden sagen muss, »in zwei Wochen habe ich 30 Minuten Zeit, mich mit dir zu treffen«. Das ist meiner Meinung nach lächerlich!

▪ Was ist Ihr persönliches Ziel?
Ich will den Finanzgeschäftsleuten erklären, dass sie schon aus eigenem Interesse ihre Gewinne mit anderen aus der Gesellschaft teilen müssten. Am Ende profitieren auch Reiche von der gerechteren Verteilung der Reichtümer.[22]

---

[22] »I want to create solutions that, in the process of creating, enlighten the financial centre of the self interest it has in creating shared value across all of the society.«

Im Innen-
hof be-
finden sich
die MyBnk-
Büros

▪ Was ist Geld für Sie? Mögen Sie Geld?
Es ist wichtig, dass du das machst, was dein
Kunde mit dem Geld machen möchte. Ich bin
ein zuverlässiger Vermögensberater, und Geld
ist für mich real und ist nichts zum Spielen. Als
Fondmanager musst du deine Verpflichtungen
erfüllen und das Geld deiner Kunden vermeh-
ren. Das Problem vieler Fondmanager ist, dass
sie oft vergessen: es ist nicht dein eigenes Geld.

- Was muss ein Fondsmanager besonders können? Welche Eigenschaft ist wichtig?

Ein Fondmanager muss ein besonders stimmiges Weltbild vorweisen. Das macht den guten Manager aus. So können sich seine Entscheidungen vorteilhaft durchsetzen gegenüber anderen.

- Was ist am Finanzplatz London einzigartig?

Gute Frage. London versteht mehr als andere Städte, worum es beim Finanzdienstleistungssektor geht. In Worte mag ich das nicht genau fassen; man unterstützt die Finanzdienstleister hier mehr als anderswo.

- Was wäre London ohne den Finanzplatz?

Ohne den Finanzplatz wäre die Stadt weniger kreativ und innovativ! Der Wohlstand ermöglicht es aber auch, andere Industrien wachsen zu lassen, zum Beispiel die Mode- oder Kunstbranche. Ohne den Finanzplatz gäbe es auch andere Vorteile der Stadt London nicht.

▪ Was ist Ihr Ziel?

Mir gefällt es immer, wenn ich positive Feedbacks von meinen Kunden bekomme, dass meine Fondsgesellschaft gut arbeitet. Dies motiviert mich enorm, da ich viel Vertrauen zugesprochen bekomme. Darauf arbeite ich immer hin.

Das Willis Building, neben Lloyd's Building

Ben France, Trader einer britischen Großbank

▪ Was gefällt Ihnen am Finanzplatz London?

Die Vielfältigkeit ist ein positiver Aspekt. Hier arbeiten um die 300.000 Beschäftigte in der gleichen Branche, aber fast jeder hat eine andere Aufgabe.

▪ Würden Sie gerne woanders arbeiten? Oder warum gerade in London?

In Asien vielleicht. Diese Region boomt und zieht immer mehr Unternehmen und Finanzdienstleister an, dort zu arbeiten. Asien wurde zum Trend.

Bürohochhäuser verschiedener Finanzunternehmen auf Canary Wharf

Daniel Levitt, Occupier

▪ Was täten Sie, stünde auf dem vierten leeren Sockel am Trafalgar Square eine Bankerstatue? [Er lacht und überlegt lange.] Wir würden demonstrieren, auf jeden Fall!

▪ Sind die Gehälter von den Finanzleuten hier gerecht?
Die Gehälter von den Finanzleuten hier sind ganz und gar unfair! Sie bekommen Geld fürs Geldverlieren oder Länderzerstören. Das ist unglaublich – aber leider wahr.

▪ Beneiden Sie Banker?
Nur wegen einer Sache: der unbeschränkten Freiheit nach Feierabend!

Werbe-
leinwand am
Canary
Wharf

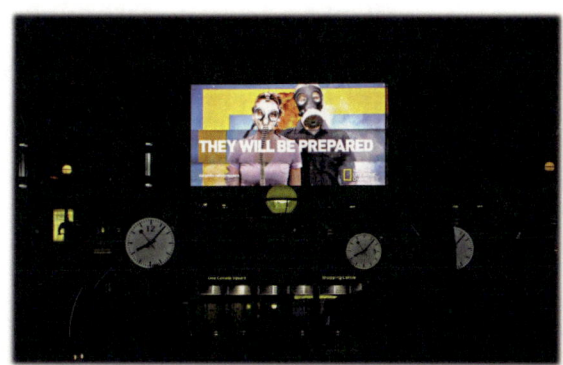

James Almighty, Credit Analyst eines Hedge-fonds

▪ Was gefällt Ihnen am Finanzplatz London?
Ich arbeite seit 2001 in London. Die Stadt weist ein hohes Innovationslevel auf, was mir zusagt, da du es hier nur mit smarten Personen zu tun hast und jeder ein gemeinsames Ziel hat. Neben meiner Arbeit in einem Hedgefond bin ich auch in der Mikroökonomie tätig. In dieses Startup habe ich zum Beispiel investiert [er zeigt auf mein Wasser, auf dem BELU Water steht]. So unterstütze ich auch junge Entrepreneurs.

▪ Welchen Einfluss hat das Finanzcenter auf die Stadt?
Meiner Meinung nach ist es typisch europäisch zu denken, London wäre nur eine Finanzstadt. Ich denke, dass New York oder Singapur viel mehr auf die Finanzbranche fokussiert sind.

In Großbritannien geht jeder mal in die Hauptstadt London, aus allen Schichten kommen Leute hierher, weil es auf der Insel nicht so viele Großstädte gibt. Also ist London nicht so finanzorientiert, nicht jeder arbeitet in der Finanzindustrie.

In Nordamerika hingegen gehen manche der jungen Arbeitskräfte nach Chicago, manche nach Atlanta, für die Unterhaltungsindustrie geht man nach Los Angeles. Nach New York aber gehen vorwiegend die, die später in der Finanzbranche arbeiten wollen.

▪ Welche Superkraft hätten Sie gern?
Ich würde gern in die Zukunft schauen können. Die Zukunft ist manchmal besser als wir denken.

▪ Was war Ihr bemerkenswertester Tag in der City?
In der City kann man jeden Tag entweder Recht oder Unrecht haben, das Pendel des Er-

folgs kann hin- und herschwingen. Der krasseste Tag war ganz klar 9/11. Wir führten zu dieser Zeit gerade Telefongespräche mit Kollegen aus dem 100. Stock des WTC. Genauer möchte ich darüber nicht mehr sprechen; es tut mir leid. [Er schaut eine Weile zur Seite.]

■ Was ist Geld? Gefällt Ihnen Geld?
Geld ist nur eine Fazilität[23]. Wir sparen es für die Zukunft und bekommen es manchmal mit Zinsen zurück, wofür die, die es erwirtschaftet haben, einen Bonus erhalten. Das Geld zu verdienen ist das eine. Wichtiger ist, was du damit machst, also welche Strategie du hast.

■ Wieso ist die Frauenquote in der Finanzbranche so gering?
[Er überlegt lange.] Es hängt davon ab, welche Arbeitsplätze genau gemeint sind. Egal ob

---

[23] ›Facility‹ ist Bankenglisch und bezeichnet die Möglichkeit, kurzfristig Kredite in Anspruch nehmen zu können oder Guthaben anzulegen

Mann oder Frau, beide können sehr gut geschult sein und beide kämen für die zeitaufwändigen Arbeitsplätze in Frage.

Die Realität ist aber eine andere. Ist ein 25jähriger Mann auf der Suche nach einer Frau, schaut er dann zuerst auf ihr Vermögen und ihr Geld? Nicht wirklich.

Ist eine 25jährige Frau auf der Suche nach einem Mann, schaut sie auf sein Vermögen und sein Geld? Mehr als sie sollte!

Das zeigt ein wenig, wie die beiden Geschlechter ticken können. Jungs sind geneigter, Spiele zu spielen, zum Beispiel zu Traden [er schmunzelt]. Schon in der Schule zeichnet sich das Bild ab, das sich in den Vorurteilen spiegelt: viele sagen, Jungs seien besser in Mathe und Mädchen eher in den Sprachen.

Am Canary
Wharf bei Nacht

Katherine, Fußgängerin aus dem Stadtteil Chelsea

■ Welchen Einfluss hat das Finanzcenter auf die Stadt?
Leider ist hier alles unglaublich teuer …

■ Wie behandeln sie ihr Geld? Trauen Sie den Cityboys?
Darum kümmert sich mein Mann [sie lacht].

■ Welche drei Wörter beschreiben das Finanzcenter für Sie?
Schnell, groß und real. Real in dem Sinne, dass Geld wirklich ist und man damit eigentlich nicht spielen sollte.

Ein deutscher Sportwagen in der ›City of London‹

Mr. Retire, Pressesprecher eines Bankenverbundes

- Was gefällt Ihnen nicht am Finanzplatz London?

Es wäre dumm von mir, wenn ich »nichts« sagte. Manchen missfällt es, wenn sie nicht wissen, was passieren wird. Mir persönlich gefällt das eigentlich! Definitiv missfallen mir die langen Arbeitszeiten, weil man seine Familie kaum sieht.

- Welche Person sollte lieber nicht in der Finanzbranche arbeiten?

Die keine Kommunikationsfähigkeit vorzeigen können. Du sollst auch Seriosität ausstrahlen können und ehrlich sein. Manche vergessen, dass die Finanzbranche ein Dienstleistungsgewerbe ist und man einen Service anbietet, bei dem man für andere Geld erwirtschaftet.

Leuchtende Glasfassaden nachts am Canary Wharf

Clive Menzies, aktueller Occupy-Anhänger, früherer Broker und ›Cityboy‹

■ Gibt es mehr Illusion als Realität in der Finanzindustrie?

Definitiv! Die Hebelwirkung von Derivaten hat einen großen Effekt auf den realen Wert des Geldes. Die Märkte werden immer mehr manipuliert mit Computerprogrammen. Auch die verschiedenen Aktienanalysen wie die Fundamentalanalyse oder die Chartanalyse sind meiner Meinung nach absoluter Schwachsinn.

■ Was wäre London ohne den Finanzplatz? London wäre auch ohne den Finanzplatz eine lebhafte und dynamische Stadt. Wenn die Finanzindustrie wegbricht, springt eine andere große Branche ein.

Die ›2-More-London-Buildings‹ neben der City Hall, dem Rathaus Londons

Julie Whittaker, Communications Adviser bei Ashoka UK, einer internationalen Non-Profit-Organisation, die junge Unternehmer unterstützt

- Was macht London einzigartig als Finanzplatz?

In London wird bisher wenig reguliert, verglichen mit anderen Finanzmetropolen wie New York oder Tokio. London gilt schon lange als Handelsstadt und hat eine ausgereifte Wettbewerbsfähigkeit vorzuweisen. Der Finanzplatz schafft viele Arbeitsplätze. Rund 350 000 arbeiten dort.

- Was wäre London ohne diesen Finanzplatz?

Es wäre eine komplett andere Stadt. Ich würde sie als ›verlassen‹ bezeichnen, da sie ohne den Finanzsektor viel ärmer wäre und unentwickelter.

- Warum tragen so viele in der Finanzbranche einen Anzug, Miss Whittaker?

Es ist Tradition und eher maskulin ausgerichtet. Es gehört aber auch zur Tradition und Kultur des Landes, da Anzug, Krawatte und Hemd ›very british‹ sind. Aus Sicht einer Frau finde ich es auch einfacher, da man nicht wirklich nachdenken muss, was man heute anzieht.

▪ Sind die Gehälter der Cityboys fair?
Ja und nein. Außerhalb Londons sind viele geschockt, wenn sie von den hohen Gehältern hören. Aber ich weiß auch, dass es hochriskante und anstrengende Jobs sind, die in irgendeiner Weise auch belohnt werden müssen.

Das Bank of England-Gebäude

Mark Cheng, Director von Ashoka UK

■ Was gefällt Ihnen nicht am Finanzplatz
London?
In der Finanzbranche gab es in den letzten Jah-
ren viele Krisen und Blasen. Die Gier nach
Geld ist zu groß und die Gehälter zu hoch.
Während meines Trainee-Programms bei der
Deutschen Bank war ich auf einer zweitägigen
Konferenz in Barcelona. Ich fand heraus, dass
die DB mehr als 200.000 € für Drinks und
Konzerte auf dieser Konferenz ausgab. Das gab
mir zu denken.

■ Mr. Cheng, was wäre London ohne den
Finanzplatz?
London ist ein starkes, kulturelles Zentrum für
die Kunst- oder die Musikbranche; viel mehr
als eine Finanzmetropole. Hier gibt es so viele
Menschen aus unterschiedlichen Ländern mit
verschiedenen Kulturen. Ohne den Finanzplatz
bliebe London also so, wie es jetzt ist.

›The Shard‹, nachts aus der Froschperspektive

Mike Group, Warrant-Trader einer amerikanischen Großbank

■ Was gefällt Ihnen am Finanzzentrum London?

Ich mag es, dass sich hier diejenigen zusammenfinden, die ihren Beruf in der Finanzbranche gerne ausüben: man arbeitet hier mit smarten Menschen zusammen, die einen spannenden Background vorzeigen können. Aber jeder ist aufgeschlossen und offen für anderes und hat nicht nur das Ziel vor Augen, reich zu werden.

■ Und was missfällt Ihnen hier?

Die Stadt London ist unglaublich teuer. Vom Essen bis zu den Immobilien. Am Finanzcenter missfällt mir die hohe Anonymität. Es gibt zu wenige Gespräche mit Augenkontakt, fast alles läuft über E-Mail oder Telefon.

■ Würden Sie lieber woanders arbeiten, oder warum gerade in London?
Ich fühle mich wohl in der Stadt, und mir gefällt die Struktur und das Management meines Arbeitgebers.

■ Wie ist das mit Ihrer Jobsicherheit hier?
Gute Frage, Tamo! Natürlich ist das Jobrisiko im Investment Banking höher als vielleicht in anderen Branchen. Aber wenn man gut ist, hat man eine gewisse Sicherheit im Beruf.

■ Welche drei Wörter beschreiben den Londoner Finanzplatz für Sie?
Ich würde sagen der Finanzplatz London ist beeindruckend, intelligent und innovativ.

Bürohochhaus
der Citigroup,
Canary Wharf

Lily Lapenna, CEO und Gründerin von MyBnk

▪ Was gefällt Ihnen am Finanzplatz London?
Die Gebäude in der ›City of London‹ sind
großartig. Auch der Bürogebäudekomplex auf
der Isle of Dogs, also Canary Wharf, ist fantas-
tisch.

Mit mehr als 300.000 Beschäftigten ist die Finanzbranche eine der größten in London. Für
die Wirtschaft an sich gefällt mir, dass so viele
ihren Beruf dort ausüben können. Dies schafft
Wohlstand für die Stadt.

▪ Was missfällt Ihnen am Finanzplatz London?
Die Banken hier vertrauen schon jungen Tradern Unmengen von echtem Geld an, mit denen sie ›wetten‹ oder ›spielen‹ können, wie sie es selber nennen. Im Investment Banking gibt es so viel riskante Deals, die bei den Verantwortlichen zu immer mehr Gier nach Geld führen. Irgendwann verzocken sie sich gewaltig. Und diese Konsequenzen trägt nicht nur London, sondern leider die ganze Welt, da das Investment Banking auf einer globalen Ebene auftritt.

▪ Was ist Ihr persönliches Berufsziel?
Mein Ziel ist es, jungen Menschen Zugang zu wirtschaftlichen Erkenntnissen und Wissen zu ermöglichen und näherzubringen. Das kann die Lebensqualität von vielen verbessern.

Das Reuters-Gebäude, auf dem die Aktien-
kurse angezeigt werden; auf Canary Wharf

Luna Half, Führungskraft bei einer Organisation für Wirtschaftsberater

▪ Welchen Einfluss hat das Finanzcenter auf
die Stadt?
Ganz klar: die Preise! Es gibt aber Nachteile
und Vorteile. Gut für die Stadt ist es allemal, da
der Finanzplatz einer Art Entwicklungsregion
entspricht und London in verschiedener Hinsicht kultiviert, was die Architektur angeht, die
Arbeitsplätze oder die Sicherheit in der Stadt,
hauptsächlich in den Finanzvierteln. Nachteile

hat das hohe Preisniveau für alle, die nicht in der Finanzbranche arbeiten.

■ Was wäre London ohne den Finanzplatz? London wäre auch ohne den Finanzplatz ein innovativer Platz für aufstrebende Branchen. Hier in London ist nicht nur die Finanzindustrie hoch im Rennen, sondern auch die Kunst- oder Musikbranche. Falls das Finanzcenter wegbräche, übernähme eine andere dieser großen Branchen die Nische.

Die ›City of London‹, von der Südseite der Themse aus gesehen

Mr. Anonymous, Beruf: Banker einer amerikanischen Großbank. Ich sprach ihn an auf offener Straße in seiner womöglichen Mittagspause mit der Frage: »5 Pfund, 5 Fragen – sind Sie bereit?!«[24] Er blickt mich verdutzt an, schnappt mir die hingehaltene 5-Pfund-Note aus der Hand. Einverstanden!

▪ Würden Sie lieber woanders arbeiten? Oder warum muss es gerade London sein?
Ich liebe es hier! Wie du selber andeutest: es ist das Zentrum; was mich persönlich ehrt, hier zu arbeiten. Man steht mit mehr Leuten in Verbindung, weil London enorm von den Zeitzonen profitiert. Meiner Meinung nach ist London auch finanzorientierter als andere Städte.

▪ Welche drei Wörter beschreiben den Finanzplatz London für Sie?

---

[24] »Sir, are you ready for 5 pounds 5 questions?«

[Er bekommt einen Anruf, nimmt an und telefoniert zwei Minuten mit seinem Kollegen] Wer warst du nochmal? Und wo waren wir stehen geblieben? Ach ja: innovativ, dynamisch, und bedeutend – das sind meine drei Wörter zum Londoner Finanzplatz.

▪ Was könnte zur größten Katastrophe in der ›City of London‹ führen?
[Er überlegt lange, ein wenig unkonzentriert.] Die Gerüchteküche brodelt hier stark wegen der Berichte großer Medienagenturen, egal ob TV, Radio, Zeitungen oder Bücher. Also vielleicht kann auch dein Buch zur größten Katastrophe in der City führen [lacht].

▪ Welche Arbeiten würden sie verabscheuen? Sogar bei gleichem Gehalt?
[Er lacht wieder.] Oh Junge, ich habe so viel Zeit und Aufwand reingesteckt, um das zu werden, was ich jetzt bin. Naja, ich wollte nicht nochmal ein Trainee oder Praktikant sein, da

das fast die härteste Zeit für mich war, in der ich die meiste Zeit im Büro verbrachte. Ich musste sogar ein paar Mal dort schlafen, um meine Aufgaben rechtzeitig fertig zu bekommen.

▪ Letzte Frage: was kann ich für Sie tun, um meine 5 Pounds wieder zurückzubekommen? [lacht laut] Gut, lass mich einfach Mr. Anonymous sein in deinem Buch, ok?!
[Er gibt mir das Geld zurück … Danke, so hab ich mir das vorgestellt, Mr. Anonymous[25].]

Das Lloyd's Building von Innen

<hr />

[25] Pikanterweise steht Anonymous auch für eine Kollektivbewegung mit kapitalismuskritischer Haltung.

Dennis Lavine, tätig in der M&A-Abteilung einer britischen Großbank

■ Sind sie glücklich hier zu arbeiten, hinsichtlich der Sicherheit Ihres Jobs?

[lacht] Die Jobsicherheit innerhalb der Finanzindustrie ist – wie in jeder anderen Branche auch. In fast jedem Job heutzutage muss man Leistung bringen, sonst wird's eng.

Im Moment geht es mir ausgesprochen gut, da wir uns in der Abteilung untereinander verstehen und alle ihre Teamfähigkeit unter Beweis stellen. Mir ist aber bewusst, dass sich das alles sehr schnell ändern kann …

■ Was könnte zu einer Katastrophe in der City führen?

Gerüchte könnten dem Finanzzentrum in London große Probleme bereiten. Die Medienagenturen kochen eine Kleinigkeit zu einem globalen ›Problem‹ auf. Leider gerät nur das an die Öffentlichkeit und nicht der eigentlich harmlose Vorfall.

- Welche Geheimnisse verbergen sich hinter diesen Glasfassaden?

Viele verschiedene Dinge werden hinter diesen Fassaden erledigt. Jede Abteilung hat mit anderen Aufträgen zu kämpfen. In einem guten Unternehmen müssen alle zusammen im Team arbeiten. Natürlich kannst du nicht wissen, was die in Hongkong oder NY gerade machen. Aber wenn jeder seine Hausaufgaben macht, wirtschaftet das Unternehmen gut. Die ›großen Deals‹ werden nicht nur in London abgeschlossen, die finden auf globaler Ebene statt. Dazu gibt es dann internationale Telefon- oder Videokonferenzen.

Das Bürohochhaus der HSBC auf Canary Wharf

Kathy, Bedienung bei einer großen Kaffeehauskette

▪ Was fällt Ihnen an den Londoner Finanzleuten auf?
Ok, bis zu 70% unserer Kunden in dieser Filiale arbeiten in der Finanzbranche. Bei unsrem Kaffeehaus zahlt man auch den entsprechenden Preis, für sehr gute Qualität. Der Preis macht den meisten Anzugsträgern hier nichts aus, darauf schauen die gar nicht! Sie geben mir einfach ihre Firmenkreditkarte … Manchmal treffen sie sich hier sogar mit Kunden oder haben Meetings.

▪ Welchen Einfluss hat das Finanzzentrum auf die Stadt an sich?
Ganz klar schiebt es das Preisniveau nach oben. Hier sind manche Sachen im Vergleich zu anderen Städten oder Ländern stark überteuert. Aber die tollen Bürohochhäuser schmücken die Stadt, was mir wirklich gefällt.

▪ Welchen Einfluss hat das Finanzzentrum auf die Stadt London?

Neben dem schon angesprochenen hohen Preisniveau, hat es auch positive Auswirkungen. Zum Beispiel ziehen die Finanzbauten Besucher aus aller Welt an, was unserer Wirtschaft hilft. Auch die Transportmöglichkeiten mit den Taxis oder der U-Bahn sind ausgereifter, damit die Banker auf schnellstem Wege zu ihren Meetings gelangen können.

Eine reichere Gegend im Stadtbezirk Fulham

Christopher Cloke-Browne, Managing Partner einer Investmentgesellschaft

▪ Mr. Cloke-Browne, was mögen Sie nicht am Finanzplatz London?

Amerika ist viel aufgeschlossener als London, was mir an London nicht gefällt. Zudem regnet es hier zu oft [lacht].

Für mich ist New York eher eine Finanzstadt als London. Die Vergangenheit hat auch gezeigt, dass NY mehr dazu tendiert, größere Gewinne einzufahren und bessere Deals abzuschließen. Das kommt vielleicht nicht so rüber für diejenigen, die nicht in der Finanzwelt involviert sind. Aber wir Profis wissen das.

▪ Was ist Geld für Sie?

Geld ist eine Vergleichsgröße für den Erfolg und zeigt wie wohlhabend man ist. Daraus entstand ein Ranking-System. Also der der am meisten Geld hat, steht ganz oben auf der Liste. Die unfaire Vermögensverteilung der 99% : 1%

Statistik entstand durch das exponentielle Wachstum der Zinseszinsen.

Obdachloser beim Hyde Park

Brett Scott, Blogger, Ex-Broker

▪ Was macht London einzigartig als Finanzplatz?
Die Wichtigkeit als internationaler Finanzplatz macht London einzigartig. Amerika ist eher ein binnenwirtschaftlicher Markt. London

ist nach außen aufgeschlossener. Das kann auch an den Zeitzonen liegen, da London perfekt mit der Wall Street und Asien interagieren kann.

Zudem ist London bekannt als Steuerparadies. Wenn London die Steuern anzieht, verlassen viele Finanzdienstleister und Banken die Stadt, sagen viele. Meiner Meinung nach ist das Bullshit! Erstens würde das London nie machen, zweitens wäre London als Finanzplatz noch immer der Beste von allen.

■ Was können Sie gar nicht leiden am Finanzzentrum London?

Mir gefällt es nicht, wie das Image des Investment-Bankings so viele junge Leute dazu anspornt, dort später ihre Karriere zu starten. Die meisten sehen hier nur das Geld vor Augen, obwohl ihnen dieser Beruf wahrscheinlich gar keinen Spaß macht. Ihr Leben wird dafür verschwendet, später einmal viel Geld zu haben.

Dazu gehen sie dann auf Unis wie Oxford oder Cambridge. Diese zwei Unis lenken die Studenten in vier verschiedene Berufsrichtungen: 1. zum Investment Banking; 2. ins Rechnungswesen, in die Buchhaltung; 3. zum Recht; 4. in die Unternehmensberatung.

Manchmal ist es nutzlose Zeit, die manche in der Finanzbranche verschwenden. Ich zum Beispiel verbrachte zwei Jahre meines Lebens als Derivate-Broker und bin jetzt offensichtlich der einzige Experte einer unbedeutenden Art von Derivaten, die gerade niemand verwendet.

■ Wie kamen Sie ins Finanzgeschäft?
Ehrlich gesagt, war ich zuerst in der Occupy-Szene involviert. Ein paar Freunde und ich wollten uns ins System einer Bank einhacken. Dazu mussten wir so tun, als ob wir uns dort ernsthaft bewerben wollen, um Einblicke in den Aufbau des Systems zu erhalten. Eigentlich wollte ich niemals diesen Job machen, auf den ich mich bewarb. Aber überraschenderweise

wurde ich angenommen. Ich dachte: »Los, versuch es zumindest« und nahm den Job an. Ich hatte aber nie die Absicht, dort längere Zeit zu arbeiten.

■ Wieso ist die Frauenquote so gering in der Finanzbranche?
Tradition im Investment Banking sind leider alte weißhäutige Männer, die in den höchsten Positionen arbeiten. Das trifft zu auf 95% der Banken oder andere Finanzdienstleister hier in London. Frauen sind eher in der Werbebranche oder der Modebranche in der Überzahl.

Typische
Straßenszene
zwischen dem
Lloyd's und
dem Willis
Building

Alex Pari, arbeitet in der CSR-Abteilung (Corporate Social Responsibility) einer französischen Großbank

- Was macht London einzigartig als Finanzplatz?

Ganz klar die Größe! Die Londoner Finanzbranche ist eine massive und gewaltige Industrie mit starker Geschichte. Die günstige Zeitzone versüßt das Ganze.

- Was gefällt Ihnen am Finanzplatz London?

Mir gefällt es, dass London schon ein hohes Innovationslevel erreicht hat und man auf höchster Ebene arbeitet. Immer wieder gibt es neue Modelle, mit denen wir arbeiten. Diese Modelle sind schwer zu erklären für Außenstehende.

- Was wäre London ohne den Finanzplatz?

Da wäre London ein zweites Paris, es wäre weniger wettbewerbsfähig und innovativ.

▪ Was könnte zu einer Krise in der City führen?

Intern: ein großer Bankskandal oder ein riesiger Tradingverlust einer Großbank. Extern könnten neue Gesetzesbeschlüsse ein großes Problem für die City werden.

▪ Welche drei Begriffe können das Londoner Finanzzentrum beschreiben?

Gute Frage! Protzig, dreist, und groß, würde ich sagen.

▪ Was passiert hinter diesen Glasfassaden? Welche Geheimnisse verbergen sich dahinter?

Eine ganze Menge passiert hinter diesen Glasfassaden! Das gelangt in der Regel aber nicht an die Öffentlichkeit.

Die Glasfront
der BNP Paribas

Mr. Hart, Occupy-Anhänger

▪ Was wäre London ohne den Finanzplatz?
London wäre eine andere Stadt. Ohne den Finanzplatz wären die ganzen tollen Bauten wie
›The Shard‹ oder ›The Gherkin‹ überflüssig,
was London uninteressanter machen würde.
Auch in sozialer und natürlich wirtschaftlicher
Sicht würde sich London ändern. Man merkt,
die City hat großen Einfluss auf die Stadt.

▪ Was täten Sie, stünde eine Banker-Statue auf
der vierten leeren Plinthe am Trafalgar Square?
Mir wäre ein Occupier lieber als vierte Statue.
Wir entsprechen nämlich mehr den Bewohnern Londons als die Finanzleute, wie an der
traurigen Wahrheit der 99% : 1% Statistik zu
sehen ist.

▪ Sind gewalttätige Protestaktionen notwendig?
Ich bin streng gegen gewalttätige Aktionen.

Und Occupy London genauso, was viele gar nicht wissen.

■ Was tun Sie, wenn in der U-Bahn vor Ihnen ein Banker steht, der laut von seinem erhaltenen Millionenbonus spricht?

Gute Frage! Normalerweise spreche ich nicht einfach fremde Menschen an. Aber wenn mich ein Banker provoziert, indem er laut von seinem gerade erhaltenen 2 Millionen Pfund Bonus spricht, spräche ich ihn darauf an.

Eine Grünanlage mitten im City-Finanzviertel, Nähe Bishopsgate

▪ Was wäre London ohne den Finanzplatz?
Noch immer die Hauptstadt von Großbritannien [lacht]. Nein, aber es wäre noch immer eine wichtige Stadt mit tollen Innovationen und aufstrebenden Branchen.

▪ Welchen Einfluss hat das Finanzcenter auf die Stadt?
Das Preisniveau ist vergleichsweise hoch, da viele reiche Leute hier in London wohnen, was mit dem Finanzplatz zusammenhängen kann … Hier kommen Finanzleute aus aller Welt, was London zu einem kosmopolitischen Platz macht.

▪ Was gefällt Ihnen am Finanzplatz London?
Wie erwähnt: die Leute aus aller Welt. Mir gefällt, dass es hier viele verschiedene Kulturen gibt, die London mit der ganzen Welt, also global, vernetzen.

▪ Was gefällt Ihnen nicht am Finanzplatz London?

Der Finanzplatz ist nun mal zu groß und beeinflusst dementsprechend die ganze Stadt zu stark. Wenn die Finanzbranche eine schlechte Zeit mitmachen muss, hat das negative Auswirkungen auf die gesamte Stadt.

▪ Was macht London einzigartig als Finanzplatz?

Wir profitieren hier enorm von den Zeitzonen, die uns den live-Handel mit New York und Asien ermöglichen. Zudem sprechen wir hier die Weltsprache. Also können wir problemlos mit NY oder Asien handeln oder Geschäfte abschließen.

▪ Wieso ist die Frauenquote so gering in der Finanzbranche?

Das ändert sich gerade! Im ›Entry-Level‹ sind die Geschlechter-Anteile jetzt 50/50. In den höheren Positionen dominiert der Männeranteil noch. Aber ich bin mir sicher, in 20 Jahren wird das anders sein.

■ War es schon immer Ihr Traum, in der Finanzbranche zu arbeiten?
Nein, eigentlich gar nicht. Ich studierte in New York und war erstaunt von der Größe und der Macht der Finanzbranche.

Die Börsenkurse auf dem Reuters-Gebäude bei Nacht

■ Welchen Einfluss hat das Finanzcenter auf
die Stadt?

Alle talentierten Leute in Großbritannien gehen nach London, um in der Finanzbranche
tätig zu werden. Das erzeugt eine riesige Tei-
lung, zwischen London und dem Rest von
Großbritannien, da in London nun Mal das
Geld ist und, grob gesagt, sich nur London
wirtschaftlich weiterentwickelt.

■ Was wäre London ohne den Finanzplatz?

Dann würde ich es mit Paris oder Bukarest
gleichsetzen. Es wäre zwar noch immer eine
überdurchschnittliche Stadt, was Vermögen
und Architektur angeht, aber längst nicht mehr
so innovativ und attraktiv für Reiche.

■ Wieso ist die Frauenquote so gering in der
Finanzbranche?

Mittlerweile ist es 50 : 50. Das Marketing oder das Personalwesen sind eher für Frauen gedacht. Das Investment Banking erfordert viel Ausdauer und Energie bei langen Arbeitszeiten und hohem Druck. Das scheint auf Dauer nichts für Frauen zu sein.

›The Guardian‹-
Gebäude von außen

Otto Dixx, Investment-Professional eines Real-Estate-Fonds

▪ Was gefällt Ihnen am Finanzplatz London?

Die Internationalität, da die Einwohner hier aus allen möglichen Ländern und Kulturen kommen. Zu empfehlen ist auch das Nachtleben in London.

▪ Was gefällt Ihnen nicht am Finanzplatz London?
Jede Menge! Das Wetter, der Stress, die Banker und dass es nicht Paris ist [lacht].

▪ Welchen Einfluss hat das Finanzcenter auf die Stadt?
Gute Frage! Ganz klar zieht das Finanzzentrum das Preisniveau in London an, was es nicht leicht macht, für die, die nicht das große Geld verdienen.
Im Westen haben wir hier eine Monokultur, dort sind 90% wohlhabend. Dazu gehören die Stadtteile Chelsea, Mayfair oder Notting Hill. Manche Teile Londons sind auch unbeeinflusst vom Finanzsektor, wie der Norden oder der

Osten. Dort bin ich lieber als im Westen oder im Zentrum.

■ Wieso ist die Frauenquote so gering in der Finanzbranche?
Frauen sind weniger begeistert, den ganzen Tag auf Excel-Spreadsheets zu schauen, was ich sehr gut verstehen kann. Die Männer wollen mit ihrem Beruf in der Finanzbranche Prestige und Ansehen erreichen; das war zumindest früher so.

■ Was ist Ihr persönliches Ziel für die Zukunft?
Ein gute Frage, worauf ich keine Antwort habe. Wenn ich es wüsste, wäre ich wahrscheinlich nicht mehr in dieser Branche tätig.

Ein Finanzgeschäftsmann in seiner Mittagspause im Bishopsgate-Bezirk

Swen Lorenz, privater Investor, Unternehmer, Berater

▪ **Was macht London einzigartig als Finanzplatz?**

London hat den perfekten Standort, um Geschäfte mit der Wall Street und Asien an einem Tag zu machen. Die Zeitzonen sind ein großer Vorteil für uns hier. London agiert also regelrecht als Zentrum, weil es geografisch in der Mitte zwischen NY und Asien liegt.

Und da hier alle Englisch sprechen und Englisch die Standardsprache für weltweite Deals ist, haben wir keine Probleme, unsere internationalen Handelspartner zu verstehen. Auch die englischen Finanzgesetze, sie sind die Basis für viele internationale Verträge.

Die Lounge eines der vielen Hochhäuser in der City

Mr. Scooter, Investment-Manager eines Hedgefonds

▪ Was wäre London ohne den Finanzplatz?
Die Stadt London gilt schon seit dem 19. Jahrhundert als ein Welthandelsplatz. Sie wäre daher noch immer auf den Handel fokussiert, ob national oder international. Die City ist wohl die natürliche Evolution eines Weltreiches, in der virtuell wie physisch gehandelt wird.[26]

▪ Was wird sich Ihrer Meinung nach ändern in der Finanzindustrie und speziell in London? Was würden Sie ändern?
Die Londoner Finanzwelt wird immer regulierter. Die Barrieren fürs Entry-Level werden höher als vorher sein. Banken und Fonds müssen also mehr Voraussetzungen erfüllen,

---

[26] »The City is probably the natural evolution of an Empire, where trading has become virtual as much as physical.«

um als offizielles Unternehmen angesehen zu werden. Dies wird meiner Meinung nach zu geringerer Konkurrenz und noch höheren Preisen führen. Ich persönlich würde kaum etwas ändern.

■ Wie sieht ihr Alltag im Geschäftsleben aus?
Um 6:30 stehe ich auf und fahre mit meinem Scooter zur Arbeit. Dort arbeite ich von 8 bis 20 Uhr. Zwischendurch habe ich Zeit für ein kurzes Workout im Fitnesstudio oder eine Runde Golf. Jedes zweite Wochenende fliege ich in die Schweiz oder nach Italien, um einen Ausgleich zur Arbeit zu suchen. Ich kann mich nicht beklagen.

■ Gefällt es Ihnen hier zu arbeiten? Welcher Ort würde Sie noch reizen?
Ich liebe es hier zu arbeiten und würde nur wegziehen, wenn ich meine Freunde und Familie mitnehmen könnte. Dann wäre Sydney ein interessanter Ort für mich.

Fast allgegenwärtig: ›The Shard‹

Darum funktioniert London als Finanzplatz

Durch den Londoner Finanzplatz fließt ein Drittel der 1,9 Billionen des täglichen weltweiten Devisenhandels, laut einer Erhebung der Bank of England[27], der Zentralbank des Vereinigten Königreiches; hier führt London weltweit. Und die Wertpapierbörse London Stock Exchange belegt im internationalen Aktienhandel den dritten Platz nach New York und Tokyo. Welche Vorteile hat London, die andere Städte nicht haben? Warum ist das Finanzzentrum genau in London?

London profitiert von seiner geographischen Lage in der Mitte zwischen den östlichen und

---

[27] http://www.faz.net/aktuell/finanzen/devisen-rohstoffe/devisenmarkt-london-ist-weiterhin-zentrum-des-devisenhandels-1189918.html

westlichen Zeitzonen. London partizipiert sowohl am Handel mit Asien wie mit New York. Wenn der asiatische Markt schließt, beginnt der Handel in London, und wenn dieser schließt, beginnt der Handel an der New Yorker Wall Street.

Frankfurt liegt doch auch nur eine Stunde vor London, warum dann nicht Frankfurt? Es ist die Sprache. Englisch ist mit 1,7 Milliarden Muttersprachlern die Weltsprache, deshalb kann mit amerikanischen Unternehmen und Banken auf einer Ebene verhandelt werden.

Ben, Gründer einer gemeinnützigen Organisation, antwortete auf die Frage, warum er seine Organisation in London ansiedelte: London ist das »Zentrum der Aufmerksamkeit.«[28] Wie wurde London zum Zentrum der Aufmerksamkeit? Viele führten die Geschichte an, London gelte schon seit dem 16. Jahrhundert als

---

[28] »centre of attention«

Finanzplatz; und die City ist womöglich faktisch die Erbin des Britischen Weltreichs …
Außerdem sind die Gesetze Englands auf internationalen Handel ausgerichtet. »You can do in London what is illegal in New York«, meinte Michael Gold, ein Occupier. Otto Dixx, ein Investmentprofessional eines Real-Estate-Fonds, sprach von der Zuwanderung von Banken, vom Akkumulierungseffekt. Kommt eine Bank in eine Stadt und feiert Erfolge und sorgt für Aufsehen, kommt eine andere gern auch dorthin und noch eine, und noch eine … Ein bisschen wie Gruppenzwang ist das.

Drei Wörter, die London als Finanzzentrum beschreiben

… gibt es nicht. Meine Interviewpartner fanden auf diese Frage mehrere, unterschiedliche Wörter. Aber es bildete sich ein Muster: »innovativ« war einer der häufigsten London-Begriffe meiner Interviewpartner, die in der Finanzbranche arbeiten. »Korrupt«, sagten viele von Occupy.

Als »schnell und groß« beschrieben neutrale Personen den Finanzplatz, die weder der Finanzindustrie noch Occupy angehören.

Das spannendste Wort, das London als Finanzzentrum begreifen soll, war »Frankenstein«. Das kam von Brett Scott. Er meint, man kann den Finanzplatz entweder lieben oder hassen, wie Frankenstein. Also entweder profitiert die Stadt vom Finanzzentrum, oder es zerstört sie!

Die Occupier fanden weitere kritische Wörter. »The City of Scandal«, »Skandalstadt« zum Beispiel. Nach drei Wörtern gefragt, die London bezeichnen, sagte Michael Gold, ein Occupy-Anhänger, diese drei: »bunch of crooks.« Ein »Haufen von Gaunern«. Das war die schärfste Aussage von all meinen Gesprächspartnern.

David Dewhurst sagte: »self-deluding, mostly evil« und fügte schmunzelnd an: »Oh, I know these are four words. But the financial centre doesn't deserve three words."[29] Clive Menzies, ein Ex-Banker und Fondsmanager und aktuell auch tätig bei Occupy, beschrieb die City als »mächtig, intelligent und korrupt«. Da scheinen noch die Ex-Banker-Gedanken durch. Kein anderer Occupy-Anhänger hätte die City als intelligent beschrieben. Im Gegenteil. Occupy-Anhänger sagen, sie verstünden

---

[29] »Ja, ich weiß, das sind keine drei Wörter. Aber das Finanzcenter verdient keine drei Wörter …«

mehr von der Wirtschaft als die, die am Finanzplatz arbeiten. Dort sei man zu eingeschränkt mit seinem Wissen und wüsste nur über seinen speziellen Bereich Bescheid.

»These untalented Oxbridge guys«[30] war ein Ausdruck, den sie benutzten, um Finanzgeschäftsleute zu charakterisieren. Oxbridge ist eine Mischung der Universitäten Oxford und Cambridge. Das sind die zwei Universitäten, von denen viele Großbanken oder Fonds die Studenten abwerben, denn die Besten der besten Fachleute studieren dort.

»Focused«, »efficient«, »powerful«, »exclusive« sind die Eigenschaftswörter meiner Interviewpartner, die mir ebenfalls aufgefallen sind.

Fokussiert, da im Endeffekt nur eins zählt: zu gewinnen. Effizient und nicht nur effektiv, da das gewünschte Ergebnis nicht bloß irgendwie erreicht wird, sondern mit der effizientesten Methode.

---

[30] »Diese untalentierten Oxbridge-Jungs.«

In der Finanzbranche scheinen viele intelligente Menschen zu arbeiten, die immer neue, schnellere Wege zu ihrem Ziel finden, wenn oft auch zu Ungunsten anderer.

Kampfstark und wettbewerbsfähig. Die ganze Finanzbranche ist ein Wettbewerb, bei dem Gewinner gesucht werden. »Winners don't make excuses when the other side plays the game.«[31] So suchen alle nach der effizientesten Methode, besser als andere zu sein.

Exklusiv, da London DER größte Finanzplatz der Welt ist und nirgends nachzumachen ist. Die Mischung aus dem volumenreichsten Devisenhandelsplatz, dem perfekten Standort zwischen den Zeitzonen, der Weltsprache und den größten und bekanntesten Finanzdienstleistern ist nirgendwo anders zu finden, im Augenblick.

---

[31] »Gewinner suchen keine Ausreden, wenn die Gegenseite das bessere Blatt hat.« Harvey Specter, US-TV-Serie ›Suits‹

London ohne das Finanzzentrum?

Was wäre London ohne den Finanzplatz? Diese Frage gab vielen zu denken, bei manchen dauerte es eine halbe bis ganze Minute, bis ich eine Antwort erhielt. Das heißt für mich, dass sich die Londoner vielleicht London gar nicht ohne Finanzzentrum vorstellen können.

»Viele, die ich kenne, sagen, die Wirtschaft würde darunter leiden«, meint Ben von ›positivemoney.org.uk‹. Aber der größte Arbeitgeber hier in London ist laut ihm gar nicht die Finanzindustrie, sondern die Restaurants, Bars oder Hotels. Also würden die Arbeitsplätze gar nicht so stark darunter leiden wie von manchen vermutet. Andererseits leben viele Bars und Restaurants von den Finanzgeschäftsleuten, und die Geschäftsleute sind auf die Restaurants ebenso angewiesen als Treffpunkt für ihre Kunden – also ist ein Teil der Nahrungs- und Getränke-Versorger ein Teil der Finanzplatz-Infrastruktur. Manche Bedienung könnte kaum ohne die großzügigen Trinkgelder von Bankern in London überleben; die Branchen sind eng verkettet. Es gibt entsprechend verschiedene Antworten. Die einen meinen, dass London viel ärmer wäre, auch was die Architektur angeht.

Andere meinen, London bliebe London. Es gäbe genügend große, blühende und aufblühende Branchen hier in Englands Kapitale: Musik, Film, Kunst, Mode … Statt der Finanzindustrie würde einfach eine andere Leitindustrie ›einspringen‹.

Sicher bliebe London ein kosmopolitischer Platz für Leute aus aller Welt, Menschen aus rund 200 Nationen leben in der britischen Hauptstadt.

Keine andere Stadt präsentiert sich so international wie London. Allein seit 2004 kamen schätzungsweise 650.000 Einwanderer nach London.[32]

Flaggenparade in der Regent Street

Denn neben der Finanzindustrie sind auch andere Branchen global und jeder kann einsteigen. Mike Ross leitete 10 Jahre die Strategic Equity Transactions Group in einer deutschen Großbank in London. Er meint, London be-

---

[32] http://www.wiwo.de/politik/ausland/london-babylondon/5344460.html

stünde aus drei Hauptteilen: London funktioniere kulturell, finanziell und als internationale Metropole. Falls einer dieser drei Blöcke wegbräche, zerfiele die Stadt London in ihre Einzelstücke, weil die beiden übrigen dann zu groß und dominierend seien. Meine Interviewten machten deutlich, dass der Finanzblock als einer dieser drei Blöcke aus einer langen Geschichte heraus großgewachsen ist und daher enorme Auswirkungen haben kann auf die restliche Stadt, im Guten wie im Schlechten.

»Da die Londoner City einen zu großen Einfluss auf die gesamte Stadt hat, hätte ein Zusammenbruch des Finanzplatzes fatale Folgen für die Stadt an sich«, antwortete Mr. Hart, dessen Freunde gerade im Gefängnis saßen, als wir unser Interview durchführten. Seine Freunde hatten ein Plakat mit dem Schriftzug »Climate change, our next challenge«[33] an der Tower Bridge aufgehängt, sie wurden wegen

---

[33] »Klimawechsel, unsere nächste Aufgabe«

Verdachts auf Sachbeschädigung von Bobbys verhaftet.

Eigentlich hatte ich mit einem seiner Freunde ein Meeting, doch ich erhielt 10 Minuten davor eine SMS mit dem Inhalt: »I'm in jail, sorry. No meeting today.« »Boah, ein echter Occupy-[Stereo]-Typ«, war mein erster Gedanke.

Ich selbst kann mir London kaum ohne den Finanzplatz vorstellen. Weltweiten Handel und Geldgeschäfte wird es auch in Zukunft geben, gleich in welcher Form. Und London funktioniert als Finanzstadt hervorragend und ist durch keine andere Stadt in der mitteleuropäischen Zeitzone ersetzbar.

Was wäre London ohne The Gherkin oder Lloyd's? Ohne Banker zerbröckelte auch ein Teil von Londons Image, das der geschniegelten Anzugsträger. Was einer so anziehenden Stadt sicher noch mehr fehlte als das Ver-

schwinden der Bärenfellmützen der Scots
Guards vor dem Buckingham Palace …

Das J.P. Morgan-Hochhaus, beeindruckend bis
›beeindrückend‹ …

Was wird sich ändern?

»Mehr Regulierungen.« »Regulate the market and break its monopoly!« »Just regulate this goddamn system!«

So oder ähnlich lauteten die häufigsten Antworten auf die Frage, was sich in der Finanzindustrie ändern wird, je nach Einstellung der Antwortenden mit Bedauern in der Stimme oder mit Zorn.

Mr. France, von einem Bankenverband in London, stellte in Frage, warum die Frage in Futur gestellt sei. Banken geben sich jetzt schon große Mühe, leicht zu verstehende Informationen ihrer Finanzprodukte den Kunden näherzubringen. Zudem suchen Banken neue Wege, ihre Unternehmen krisensicherer zu strukturieren. Um sicher zu stellen, dass das, was zur letzten Krise führte, nicht nochmal vorkommen wird. Also das, was sich ändern wird oder soll, verändert sich bereits in diesem Augenblick.

Am größten Finanzplatz werden weitreichende Entscheidungen getroffen und hoch spekulative ›Wetten‹ abgeschlossen, wie die Finanzgeschäftsleute es selbst nennen, auch wenn sie den Begriff ›Wette‹ ungern nach außen tragen. Ein Occupy-Anhänger beschrieb die Stadt als »City of scandal. Jeder möchte gewinnen, das wird nicht funktionieren.« Immer wieder gibt es Tradingverluste von mehreren Milliarden[34]. Darüber regen sich die Occupy-Anhänger zu Recht auf.

Obwohl die Banken, von denen die ›Wetten‹ auf steigende und fallende Unternehmens-Aktien stammen, Sicherungssysteme auf allen Rechnern installiert haben, gibt es immer wieder Einzelpersonen, die es schaffen, diese

---

[34]http://www.handelsblatt.com/unternehmen/banken/betrugsverdacht-ex-credit-suisse-banker-festgenommen/7186528.html

Hürden zu überspringen und außerhalb des regulierten Bereichs arbeiten. Ein aktueller Fall ist der LIBOR-Skandal[35]. Der LIBOR (London Interbank Offered Rate) ist ein bestimmter Zinssatz der BBA, die Banken befragt, zu welchem Zinssatz sie sich untereinander Geld leihen. Daraus werden die höchsten und niedrigsten Zahlen gestrichen, um Manipulationen vorzubeugen. Nun wird einer Reihe von Großbanken vorgeworfen, diesen Zinssatz manipuliert zu haben, um von niedrigeren Zinssätzen zu profitieren. »So corrupt is only the City of London and the Italian Mafia«, meinte Daniel O'Crisis, ein Occupy-Anhänger.

»Mehr Einschränkungen, härtere Gesetze und weniger riskante Wetten – ja gut, das wird sich leider auf unsere Gehälter auswirken«, bedauert Otto Dixx.[36] »Nach diesem Motto gehen

---

[35] http://www.zeit.de/wirtschaft/2012-08/libor-zinsen-manipulation-london

[36] »Härtere Gesetze, mehr Regulierungen und mehr Bullshit«, hatte er wortwörtlich gesagt …

die Finanzdienstleister vor: wenn es für diese durch Gesetze und Regulierungen schwieriger wird, Gewinn zu erwirtschaften, kürzen sie den Angestellten das Gehalt. Es wird einfach mehr Gesetze geben, die aber eigentlich wieder so umgangen werden können wie zuvor«, fügte er hinzu. »Es wird immer welche geben, die Lücken im System finden und dann für Aufsehen sorgen.« Persönlich würde er die Gewinne von Banken und Hedgefonds viel höher besteuern, um die »Machtverteilung« zu ändern.

Die Machtverteilung hatte auch Jason angesprochen, der Investmentmanager vom Lloyd's Building. Die unfaire Verteilung des Geldes: das reichste Prozent der Weltbevölkerung besitzt 99% des gesamten Vermögens. Die anderen 99% besitzen entsprechend nur 1%. Viele Arbeiter und Angestellte wissen das gar nicht; auf die Frage, wie viel Milliardäre es denn weltweit gibt, bekommt man bestimmt die tollsten Antworten zu hören. Laut Forbes gibt es um die 1300 Milliardäre weltweit; darunter 55 aus

Deutschland. Melanie Fletcher von Occupy London sagt, das Ziel Occupys ist genau dies: eine Umverteilung, eine fairere Verteilung des Geldes für die ganze Bevölkerung. »The 1%-change« nannte sie es.

Mein Eindruck nach vier Wochen Interviews und Beobachtungen in der City: das System hält dicht; die City wirkt gefestigt, die Gesetzgeber sorgen weitgehend dafür, den bestehenden Status und die bestehenden Methoden beizubehalten. Dennoch wird sich das Geldwesen weiterentwickeln. Vor allem kann ich nicht glauben, dass in einer aufgeklärten Zukunft so viel Geheimnis gemacht wird um ein Gewerbe. Jeder Handwerker hätte gern seinen Namen in einem Buch über Londoner Handwerker gesehen, ebenso jeder Konsumartikelhersteller ... Aber kein Banker wollte das, nicht einer. Das hätte ich erwartet von Waffenhändlern oder Geheimdienstlern. Mich wundert, was so sehr geheimgehalten werden muss? Und

ob das auf Dauer gut sein kann für eine Branche, wenn sie sich abschotten muss von vielen
Bereichen des Lebens?

Sitzplatzverhinderer rund um ein Bankhaus

Non-Profit-Organisationen im Finanzzentrum

Neben Banken und Hedgefonds gibt es in London überraschenderweise äußerst viele Non-Profit-Organisationen, die mit der Finanzbranche involviert sind.

Lily Lapenna hat zum Beispiel MyBnk gegründet. »MyBnk is a charity which delivers financial and enterprise education directly to schools and youth organisations.«[37] Ihre Mitarbeiter unterrichten in Schulen und bringen Schülern bei, mit ihrem eigenen Geld umzugehen. Frau Lapenna erhielt 2010 ein Fellowship-Programm von Ashoka, einer großen internationalen Non-Profit-Organisation zur

---

[37] »MyBnk ist eine Wohltätigkeitsorganisation, die Schulungen zur Finanz- und Unternehmerwelt mit Schulen oder Jugendorganisationen durchführt.« http://mybnk.org/about/what-is-mybnk/

Förderung von sozialen Unternehmen. Mein erstes Interview mit ihr musste verschoben werden, da sie kurzfristig nach Harvard ging und dann Meetings in Silicon Valley mit potentiellen Investoren hatte.

Aus ihren Antworten beim Interview geht hervor, dass sie die City und die Finanzbranche allgemein als »überholt« betrachtet, als »vergangen«! Ihr Ziel ist es, allen jungen Menschen Zugang zu Bildung zu ermöglichen, speziell zu finanziellen Dingen. »Finance – this industry is the past«, meint sie. »It's more important for everyone to be able to manage his own money and not to trust these Cityboys«[38], so eine ihrer Aussagen. MyBnk ist meiner Meinung nach eine tolle Organisation und soll auf jeden Fall weitergeführt und erweitert werden. Vielleicht schafft sie sogar den internationalen Durchbruch. Das Interesse von Investoren hat sie ge-

---

[38] »Es wird wichtiger, dass jeder sein Geld selber managen kann und es nicht den Cityboys anvertrauen muss.«

weckt, zwei davon habe ich persönlich interviewen können [die aber namentlich nicht
genannt werden wollen …].

Positivemoney, gegründet von Ben Dyson ist
ebenso eine Non-Profit-Organisation. Das
Ziel: die Verbindungen offenzulegen zwischen
unserem aktuellen Geld- und Bankensystem
und den größten sozialen, wirtschaftlichen und
nachhaltigen Aufgaben.[39] Er will das Geldsys-
tem reformieren, um die Macht von Großbanken zu schwächen, ungehindert Geld zu erzeugen. Das soll nicht für jede Großbank möglich
sein, sondern über ein transparentes und re-
chenschaftspflichtiges Verfahren erfolgen, für
jeden nachvollziehbar.

Bertrand Beghin ist der Gründer von Num-
bers4Good. »Numbers4Good ist eine finanzi-
elle Organisation mit reinem Gewissen. Wir
streben Lösungen im Finanzbereich an, die

---

[39] http://www.positivemoney.org.uk/

Organisationen erlauben, soziale und nachhaltige Projekte zu fördern und somit Investmentmöglichkeiten anzubieten, die nachhaltige Erträge abwerfen«[40], so die Projektphilosophie.

Mehrere Ex-Banker, die ich kennenlernte, und Menschen, die früher anderweitig in der Finanzbranche tätig waren, sind auf die ›soziale Seite‹ gewechselt. Manche dieser Ex-Finanziers wurden skeptisch gegenüber der stellenweise zu findenden Skrupellosigkeit in der Finanzbranche und möchten mit sozialem Engagement entgegenwirken. Immer stärker wird der Trend, neue Modelle oder Systeme zu entwickeln, die nachhaltig und zukunftsfähig sind, »sustainable«. Das Ziel ist es, Krisen vorzubeugen oder ganz abzuschaffen.

Oben sind nur einige Beispiele von Non-Profit-Organisationen erwähnt. Wenn man »non profit organisations London finance« googelt, erhält man um die 125.000.000 Ergeb-

---

[40] http://www.numbers4good.com/

nisse; das zeigt die wachsende Bedeutung der Bewegung.

Nach meinem Eindruck sind in London jene finanzspezifischen Startups stark im Kommen, die sich im Non-Profit-Bereich engagieren. Zukunftsfähigkeit wird im Finanzsektor immer wichtiger; die Krisen von 2002 und 2008 zeigten, was passieren kann und welche weitreichenden Folgen sie haben können. Mit diesen Non-Profit-Organisationen wird sich der Finanzplatz verändern. Wenn nun die Investoren in nachhaltige und zukunftsfähige Startups investieren, und nicht mehr in große und riskantere Investmentbanken, werden z.B. nicht mehr so viele sechsstellige Bonuszahlungen ausgezahlt, was die meisten Bewohner Londons bestimmt freuen wird, die an der Kluft zwischen Reich und Arm leiden. Die sozialen Faktoren könnten in nächster Zeit in der City mehr in den Vorschein treten.

Was mir auffiel

Nach vier Wochen in London in Bezirken wie
›The City‹ oder ›Canary Wharf‹ bemerkt man
eine Menge Kleinigkeiten oder auch große
Dinge, die ein Tourist nicht unbedingt erblickt.

In der City sieht man zuerst ein Meer von
Anzügen, Hemden und Krawatten. Interessant,
dass das aber nur vier Tage in der Woche so
ist. Wieso nicht am fünften? Am sogenannten
»Dress Down Friday« verzichten die Cityboys
auf die Krawatten, um nach der Arbeit gleich
mit ihrer Freundin oder ihren Kumpels feiern
zu gehen.

Aber auch unter der Woche gibt es in fast jedem Bereich der Finanzindustrie unterschiedliche Dress Codes, wie mir Joris Luyendijk
berichtete. Herr Luyendijk ist ein Journalist bei
›The Guardian‹, der selbst einen banking blog
führt, in dem er Londoner zum Finanzplatz in-
terviewt, genau wie ich.

Anzüge tragen Banker. Aber diese Anzüge unterscheiden sich je nach Abteilung in der Farbe oder an den Accessoires. Mitarbeiter der Corporate-Finance-Abteilungen etwa tragen einen Bügel auf ihrem Schuh. In der IT-Abteilung trägt kaum jemand einen Anzug. Auch Hedgefonds-Manager haben selten Anzüge an; meist nur, wenn sie Klienten treffen.

In jedem Departement aber sollten die Neueingestellten, die ›Rookies‹, sich die teuerste Uhr kaufen, die sie sich leisten können. Indem sie zeigen, dass sie bereit sind, viel Geld in Kleidung und Accessoires zu investieren, zeigen sie auch, dass sie motiviert sind, hier länger zu arbeiten [um das Geld dafür ›zurückzuverdienen‹].

Bevor ich mich z.B. mit Jason im Lloyd's Building treffen konnte, schrieb er mir, mit Jeans käme ich nicht ins Gebäude hinein. »Bitte trage gepflegte Kleidung, keine Jeans! Sonst werden sie dich nicht rein lassen – alte

Kleiderordnung …«[41], war seine genaue Face-
book-Nachricht.

Das Lloyd's Building mit seiner nach außen
gestülpten Haustechnik, Architekt: Richard
Rogers, 1986

---

[41] »Please dress quite smartly, no jeans!
Otherwise they will not allow you in – old
fashion rules …«

Herr Luyendijk, der mich auf die Dress Codes und den Aufbau von Banken aufmerksam gemacht hatte, fragte mich am Ende des Gesprächs, wie ich eigentlich ein Interview mit ihm bekommen hatte! »Es war eine lange Kette von Zufällen ...«, antwortete ich. Die Kette führte über fünf Personen, jeder empfahl mich an jemand anderen weiter, wie bei einem Schneeballsystem. So konnte ich die Dichte der Expertise in der City an meinem eigenen Projekt erleben; ist in der City jemand überzeugt von einer Sache, wird er hier wenig Schwierigkeiten haben, andere zu finden, die mitmachen.

An einem Samstagabend traf ich mich mit einem Banker und seinen Kolleginnen. Er arbeitet in der M&A-Abteilung (Mergers & Acquisitions) einer Großbank, die sich mit Fusionen und Übernahmen befasst.

Ihn fragte ich beiläufig, ob er mir eine Einzelheit erzählen könne, die kein anderer Interviewpartner mir hätte sagen können. Er sprach dann ganz nebenbei von der Übernahme von Rhön-Klinikum durch Fresenius und fügte an, dass dies nicht klappen wird. Ich war erstaunt, dass er mir das sagte. Sowas hatte ich gar nicht gemeint, ich fragte eher nach etwas, das nur Finanzleuten innerhalb der Branche auffällt und Außenstehenden gar nicht auffallen kann.

Schon unten an der Rezeption hatte ich einen Compliance-Vertrag unterschreiben müssen, dass ich nichts preisgeben darf, was ich hier mitbekomme. Ich wollte nichts riskieren und erzählte vor der Veröffentlichung der Nachricht niemandem von der bereits gescheiterten Übernahme.

Das Treffen fand statt am Samstag, am 1. September 2012. Am nächsten Montagmorgen verlor die Aktie von Rhön auf Anhieb 20% an Wert. Er hatte das präzise vorhergesagt. Der M&A-ler legte großen Wert darauf, dass ich ihn in meinem Bericht nicht bei Namen nenne, da er sonst seinen Job verlieren könne. Nicht einmal der Vorname dürfe im Buch stehen. Aber dass ich ziemlich leicht in den Besitz von geldwertem Wissen gelangte, bloß weil ich meine Ohren spitzte in Londons City, hat mir bewusst gemacht, wie schwierig es sein muss, den eigenen Wissensvorsprung nicht um jeden Preis zum eigenen Vorteil auszuspielen.

Im Sommer mit Anzug kann es außerhalb der durchlüfteten Gebäude unbequem werden. Wie durchdacht die Architektur gebaut wurde! Die Sonne scheint kaum in die Straßen hinunter, so bleibt es wenigstens ein bisschen kühler dort. In meinen 30 Tagen in London hat es nur 3-4 Stunden geregnet. Anfangs fragte ich mich, ob ich überhaupt im richtigen London bin [mein Atlas verzeichnet mindestens vier weitere Städte mit dem Namen London in Kanada und den USA]; die englische Hauptstadt ist doch bekannt für Regen und Nebel. Über-

raschenderweise zeigte das Thermometer immer um die 27° bei blauem Himmel.

Wie zu erwarten, sieht man auf der Straße viele
Geschäftsleute mit Smartphone, entweder tele-
fonieren sie oder tippen darauf herum. Beim
zufälligen Zuhören habe ich bemerkt, dass es
nicht oft um die Arbeit geht, sondern vielmehr,

was nach Feierabend unternommen wird; wobei Geschäft und Feierabend ineinanderfließen.

Dennis Lavine, ein Trader einer Großbank, zückte einmal sein in einer Schutzhülle mit abgedrucktem Dollarschein geschütztes iPhone während unseres Interviews. Das Telefonat ging 20 Sekunden und darum, ob nun er oder sein Kollege den Kunden in den Pub einlädt.

Bald merkt man, wie sauber die City ist. Durch die vielen Reinigungskräfte bleibt der Finanzplatz sauber … An jeder Ecke der Glasfassaden sieht man sie. Auch ›The Gherkin‹ wird über abseilbare Gondeln ständig von außen geputzt.

Das ergibt krasse Kontrastbilder: zwischen den Bankern mit dunklen Anzügen die Reinigungskräfte mit leuchtfarbenen Westen.

Weiße Westen, saubere Straßen … Und wenn man selbst etwas zum Wegwerfen hat? In den Tube-Stationen fällt nach und nach etwas Seltsames auf: es gibt keine Mülleimer! Manchmal nur eine kleine durchsichtige Plastiktüte. Erst habe ich mich gefragt, warum. Man hat mir's erklärt: aus Sicherheitsgründen. Am 7. Juli 2005 explodierten vier Bomben in London, drei davon in der U-Bahn und eine in einem Doppeldeckerbus. In den durchsichtigen Plastiktüten kann man nicht mehr einfach Bomben verstecken.

Gerade während der Olympiade war wichtig, dass keine Bomben explodieren. Als ich mich mit Bertrand Beghin in einem Café traf und der Kunde neben uns ohne seine Tasche den Laden verließ, wurde Bertrand sofort unruhig und nervös. Ich wusste erst nicht, weshalb, ich hatte die Tasche nicht bewusst wahrgenommen. Das sah etwa so aus wie auf dem folgenden Bild, eine alleingelassene Tasche in einem Kaffeehaus:

Mein Gesprächspartner fragte dann die Bedienung, ob er die Tasche durchchecken könne, worauf sie erwiderte: »Nein, er war auch gestern schon hier. Vielleicht ruft er nur jemanden an. Das hat er zumindest gestern gesagt.«
»Das ist mir egal, was die Leute hier sagen. Die können ihnen alles erzählen!«, meinte Bertrand genervt. Auch ich bekam es allmählich mit Angst zu tun; wir führten das Interview weiter, aber mein Gesprächspartner wirkte doch abgelenkt. Nach 10 Minuten kam der Rucksackbe-

sitzer wieder, Bertrand war wütend auf ihn und ging ihn hart an. »In London gefällt es den Leuten nicht, wenn jemand ohne seine Tasche den Laden verlässt.«[42] Während einer Olympiade ist die Sicherheitslage heikler als sonst und die Londoner reagierten besonders empfindlich, wenn jemand Verdacht erregte …

Auch mit anderen Interviewpartnern der Finanzbranche traf ich mich oft in Cafés oder kleinen Bars. Alle, ja alle, haben mich auf einen Drink oder Snack eingeladen. Es wurde mir irgendwann unangenehm und deswegen wollte ich nun jemanden einladen, der dann aber nur sagte: »Das zahlt mein Arbeitgeber für uns«, und zückte die Geschäftskarte.

Interessant für mich war auch: alle Fußgänger, die ich ansprach, wussten sofort, wovon ich sprach und was ich mit dem Finanzplatz mein-

---

[42] »In London, people don't like it when someone leaves without his bag.«

te. Das war für mich nicht selbstverständlich. Weiß etwa jeder in Karlsruhe, dass dort das höchste Gericht von Deutschland sitzt? Ich glaube nicht, ich kenne einige Karlsruher, in deren Bewusstsein die ›Stadt des Rechts‹ nicht verankert ist. Nun, viele Interviewpartner fragten mich, von wo in Deutschland genau ich herkomme. »Karlsruhe, it's nearby Frankfurt«, antwortete ich, da Mainhatten wohl jedem Londoner Finanzgeschäftsmann bekannter ist. Eine häufige Antwort war aber: »Ah, yes I know Karlsruhe. We say, it's the City of Law«!

Am letzten Montag des Augusts ist ein Feiertag in Großbritannien, der sogenannte ›bank holiday‹. Ich konnte erst nicht glauben, dass es einen Bankfeiertag gibt! Das gibt es in keinem anderen Land. In Deutschland gibt es nicht einmal einen Automobilfeiertag … Wenn England extra einen Bankfeiertag einführte, muss das Bankenwesen schon eine beachtliche Stellung eingenommen haben.

An diesem Montag war die City wirklich komplett leer. Keinen einzigen Anzugsträger habe ich dieses Wochenende gesehen, da viele das lange Wochenende nutzen und in die Schweiz zum Wandern fliegen ... oder in die Heimat zur Familie, wie ich von manchen hörte.

Viele Interviewpartner aus der Finanzbranche sagten, dass sie auch kürzere Wochenenden zum Entspannen nutzen und wegfliegen. Beliebte Ziele sind die Alpen, die Heimat oder die Côte d'Azur. »Ich brauche einen Ausgleich zur Arbeit«, war die häufigste Begründung; verständlich bei 70-80 Arbeitsstunden in der Woche. Mr. Scooter konnte sogar die komplette deutsche Durchsage, die am Flughafen bei den deutschen Airlines kommt, auswendig aufsagen, obwohl er kein Wort davon versteht, so oft hatte er das schon gehört. »Sehr geehrte Damen und Herren, für den Weiterflug nach Frankfurt am Main begeben Sie sich bitte zu

Gate Nr. 2!« Er fliegt jede zweite Woche übers Wochenende weg.

Millionen Tauben scheint es in London zu gefallen. Überall – selbst in der City, mit ihren Schluchten eigentlich ›vogelfeindlich‹. Auffällig viele Tauben sind verletzt, haben bloß noch ein Bein oder bloß noch zwei statt drei Zehen je Fuß.

Wurde diese Taube Opfer eines Cityboys?

Die Cityboys regen sich oft auf über die Tauben, und manche treten nach ihnen, was die

Verletzungen der Tauben erklären könnte.
»F*** off!« rufen sie und wedeln mit dem Arm,
wenn eine Taube die Sitzbank versperrt. Warum diese Aggression gegen diesen ›Friedensvogel‹? Nun, ein einziger Taubenkottropfen
von oben ruiniert den gesamten Anzug, der
kostet ab 1000 Pfund aufwärts, und man muss
ihn auch sofort wechseln …

Die Begrüßungen auf Englisch haben mich anfangs ein wenig verwirrt. Sie sagen »Hi, how
are you?«, erwarten aber keine Antwort,
sondern kommen gleich zum eigentlichen
Thema. Anfangs erwiderte ich noch »I'm good,
thanks. How are you?« Nachdem ich aber nur
verwunderte Blicke erntete, ließ ich es bald
sein. Insgesamt konnte ich mich der Sprache
schnell anpassen und verstand nach den ersten
drei bis vier Interviews fast jedes Wort. Aufgefallen ist mir, dass nahezu alle Occupy-Anhänger äußerst gehobenes Englisch sprechen, das
für mich anfangs schwerer zu verstehen war als

das English der Banker. Die anderen Interviewpartner waren leichter zu verstehen; vielleicht haben sie ihren Wortschatz meinem Nichtmuttersprachler-Englisch angepasst?

Die Ordnung in der Stadt, in den Büros und in den Köpfen der Leute hat mich positiv überrascht. Anfang September gab es ein riesiges Festival auf dem Piccadilly Circus, den ›Piccadilly Circus Circus‹. Beim Finale dieses Festivals schossen die Zirkusakrobaten 1,5 Tonnen Federn in die Luft, Millionen Federn. Der Piccadilly Circus glich einer Schneelandschaft. Am nächsten Morgen auf dem Weg zum nächsten Interview kam ich gleich früh am selben Platz vorbei – auch um zu sehen, was mit den Federn passiert war. Keine einzige Feder in Sicht! Das nenne ich Management und Organisation einer Großstadt.

Was ich von London lernte

Besser als am Schreibtisch lernt man durch eigene Unternehmungen, wenn man etwas mit eigenen Augen sieht und mit den Menschen am Ort des Interesses sich unterhält. Wenn ich jetzt etwas lerne über Bücher und Bildschirme, stelle ich mir vor, wie es wäre, dort selbst anwesend zu sein, und was das für einen Unterschied macht. Deshalb kam meine zis-Reise zur richtigen Zeit, da ich den Unterschied zwischen Lernen im Sitzen und dem eigenständigen Eingreifen hautnah erleben konnte.

Der Zeitpunkt war auch deshalb perfekt: meine Interviewpartner hätten kaum eine wertvolle halbe Stunde geopfert für einen Jüngeren; aber auch nicht für einen Älteren, der ja ein Konkurrent sein könnte. Zu mir waren sie offen, weil ich gerade volljährig war … weil ich kein Muttersprachler bin … weil ich aus einem anderen Land kam und als freundlicher lernwilliger Interessierter und UNESCO-Stipendiat gelten konnte – das alles zusammen ließ mich als harmlos genug erscheinen, dass man mir Dinge sagte, die man sonst niemals einem Fremden anvertrauen würde. »They didn't see me coming …« Ich nutzte das nie aus, ich nahm es als Starthilfe.

Als erstes musste ich in London meinen Fragebogen umformen [also meine Vor-Urteile]: zu oft kam das Wort ›Banker‹ vor. »Manche werden wütend, nennst du sie ›Banker‹«[43], bekam ich anfangs zu hören. Klar, dass nicht alle Banker sind, die Anzüge tragen. Aber als meine ersten Gesprächspartner aus dem Finanzbereich den Begriff gleich ablehnten, verstand ich, dass Banker am Finanzplatz eigentlich die Ausnahme sind. Einen Überbegriff konnte ich nicht wirklich finden; »financier«, »business man« oder »finance people«, schlugen meine

---

[43] »Some people get angry when you call them banker!«

Gesprächspartner mir vor. Auf jeden Fall muss vorsichtig mit dem Wort ›Banker‹ umgegangen werden. Denn Fondsmanager, insbesondere Hedgefonds-Manager, sind nun mal keine Banker, sie arbeiten in keiner Bank. Diese wollen auf gar keinen Fall ›Banker‹ genannt werden. »I would say I'm an investmentmanager«, meinte Mr. Scooter, ein Hedgefondmitarbeiter.

London erscheint wie eine Stadt, eigens geschaffen für Finanzinstitutionen. Ich lernte, wie es dort einfach alles gibt, was wichtig für die Finanzbranche ist. Banken, Fonds, Anwaltskanzleien, Versicherungen, Broker, Wirtschaftsprüfer, Unternehmensberater … Man kann sich das Ganze vorstellen wie eine Mind-Map oder ein Netzwerk. Vieles geht dort über schon vorhandene Kontakte, die einen dann weiterleiten. Und dann die gigantische Infrastruktur mit den Transportsystemen, den Instandhaltungskolonnen, Sicherheitskräften, den Kurieren und Zulieferunternehmen, Restaurants und Bars, den Anzugsschneidern und den Feierabend-Unterhaltern – dieses Versorgungsgebilde ist vollkommen ausgerichtet aufs reibungslose Funktionieren im Sinn von zielgerichteten Bewegungen. Verkehrsströme und Geldströme scheinen ineinander überzugreifen.

Der Finanzbereich ist tatsächlich abgegrenzt durch sein eigenes Stadtteilwappen, hier herrschen eigene Gesetze[44], ein bisschen wie ein Staat in der Stadt …

---

[44] Etwa dies: der König oder die Königin Englands muss sich vorher anmelden, wenn sie

Die Sicherheit ist in dieser Stadt beachtlich
ausgereift. Mit einer halben Million Sicher-
heits-Kameras an Häuserwänden, Laternen-
pfählen, Bäumen, Bürohochhäusern, fühlen
sich die Finanzleute sicherer.[45]

Nachdem ein Occupier ein Plakat mit einem
kritischen Schriftzug vor die St. Pauls Cathe-
dral hing, bekam er ein paar Wochen später
eine Bußgeld-Verwarnung mitsamt dem Foto
einer Überwachungskamera. In der Mahnung
hieß es, er wurde identifiziert mit Hilfe einer
Gesichtserkennungssoftware.

---

den Finanzbereich betreten will [!]. Hier gibt es
auch eine stadtunabhängige Polizeitruppe.
[45] In London surren damit zweimal mehr
CCTV-Kameras als in Peking, das aber dreimal
größer ist als London. Kein Stadtbewohner
erdweit wird öfter aufgenommen als ein Londoner, durchschnittlich 300 mal täglich.
[Quelle: »Revealed: Big Brother Britain has
more CCTV cameras than China", Tom Kelly,
MailOnline, 11.8.2009]

In der Finanzbranche geht es nicht immer nur ums Geld machen, wie viele vermuten. Mr. Scooter sagt, dass ihn das ›Compliance-Zeug‹ viel Zeit kostet. »Wären die Leute ehrlicher, hätte ich mehr Zeit für andere Sachen.« So aber verbringt er viele Stunden damit, Compliance-Verträge vorzufertigen und unterschreiben zu lassen, also Verträge, in denen die Mitarbeiter oder Kunden die vertrauliche Behandlung der Vertragsdaten zusichern.

Aus Filmen kennt man Trader so: sie schreien in Telefone und machen eigenartige Handbewegungen. Als ich auf dem Trading Floor einer großen US-Bank in Canary Wharf war, überraschte mich die Stille und Ruhe dort. »Heutzutage geht viel mehr über den Computer als übers Telefon«. Zunehmend übernehmen Computer das Trading am Kapitalmarkt, was sich Hochfrequenz-Handel nennt und schon öfter in Kritik geraten ist. Wenn eine Aktie eines Riesenkonzerns plötzlich um 20% in wenigen Sekunden an Wert verliert und es keinen wirklichen Grund dafür gibt, wird oft der Hochfrequenz-Handel verantwortlich gemacht, und in Frage gestellt.

Das Auftreten der Londoner Geschäftsleute ist beeindruckend, ihre Ausstrahlung, wenn man wenige Meter neben ihnen steht. Mein Eindruck war tatsächlich: die Nichtfinanzgeschäftsleute lassen den Bankern mehr Platz, so, als besäßen sie eine besondere Aura, die man nicht stören sollte; ja, ich sah öfter, wie durchschnittlich gekleidete Leute geradezu aus dem Weg gingen, wenn Anzugsträger vorbeikamen, als wollten sie nicht die sicherlich wichtigen Geschäfte dieser Macht ausstrahlenden Menschen behindern. Auch auf Rolltreppen machten viele Normalsterbliche extra Platz für Anzugträger, damit diese schneller passieren konnten.

Auch die Meinungen der Gegenseite, von Occupy, sind aufschlussreich. Ihre Kampagnen, ihr Einsatz für gerechtere Verteilung von

Vermögen, ihre Zeltmeere sind ebenso beachtlich wie die Wolkenkratzer der City. Fast scheint es, als bedinge sich die Stärke der Gegner wechselseitig, als erzwinge die schiere Macht des Finanzwesens in der Stadt eine rhetorisch ebenso hochgebildete Gegenkraft.

Auch lernte ich: richtige Freunde sind wichtig. Leibhaftige Freunde, denen man die Hand schütteln kann, die einen einladen, wenn's draußen kälter wird und dunkel. Ohne die Hilfe freundlicher Menschen hätte ich in der teuersten Stadt Europas keine 4 Wochen durchhalten können mit 600 € in der Tasche …

Ein paar Zahlen zu meinem Projekt

Am Finanzplatz herrscht das Diktat der Zahlen; wer den Umgang mit Zahlen scheut, wird hier kaum unterkommen. Mit der Zeit fiel mir auf, wie ich selbst mein Projekt mit Zahlen leichter begreifen und greifbar machen kann.

In 31 Tagen konnte ich 36 Leute interviewen: 27 Männer, 9 Frauen. Der Frauenanteil im Finanzsektor ist gering, deshalb war es schwieriger, weibliche Interviewpartner zu finden. Auch deshalb habe ich öfter meine Gesprächspartnerinnen einfach vor Haupteingängen von Großbanken oder anderen Finanzinstitutionen angesprochen, und daraus ein kurzfristiges Interview machen können, ohne Termin.

Wie ist der Frauen- und Männeranteil im Finanzbereich zahlenmäßig genau aufgeteilt? Das scheint den Londonern selbst unklar zu sein. Rund 8 von 10 meiner Interviewpartner schätzen die Verteilung auf 75:25, von 100 Fi-

nanzgeschäftsleuten seien 75 Männer und 25
Frauen. Joris Luyendijk meint, das Verhältnis
sei 50:50, wenn man den Finanzsektor insgesamt betrachte, bei den höheren Positionen
liegt der Frauenanteil aber bei bloß noch 15%.

44 Termine hatte ich vereinbart, hier die
Statistik der Interviewten:

     16 kamen aus der Finanzindustrie,

     8 von Non-Profit-Organisationen,

     7 von Occupy; dazu

     5 Neutrale, nicht im Finanzbereich tätig;

     8 vereinbarte Interviews fielen aus.[46]

Nur ein Drittel meiner Londoner Interviewpartner kam aus England (also 12 von 36). Das
zeigt, wie international die Stadt ist. Es war

---

[46] z.B. weil sich die Interviewer doch an ihre
Stillschweigeklauseln in ihren Arbeitsverträgen
erinnerten, oder doch lieber London über
Sommer verlassen hatten …

manchmal eine Herausforderung einen gebürtigen Engländer zu finden!

Und aus dem Finanzsektor waren nur 25% meiner Interviewpartner Engländer. Stephen Billion von einer großen Versicherungsgruppe meinte, in seinem 25-köpfigen Team arbeiteten nur zwei gebürtige Engländer. Der mehrheitliche ›Rest‹ kommt aus den USA, Kanada, Deutschland, Frankreich, Irland, Italien und Australien.

Von den 36 Interviewpartner gaben mir 12 ihre Visitenkarte, nachdem ich ihnen meine gab; die anderen wollten, wie gesagt, namentlich nicht genannt werden. Was mir half, überhaupt diese Interviewpartner zu bekommen: alle waren beeindruckt von meiner Vorbereitung mit den Visitenkarten wie auch von meinem Buch.

Dieses Buch, das Sie jetzt in den Händen halten, ließ ich nämlich schon vor der Reise drucken – mit fast identischem Cover, innen na-

türlich leer, bis auf meine Fragen. So konnte
ich direkt ins Buch Notizen machen während
meiner Reise. Dieses ›Leerbuch‹ veranlasste einige meiner Interviewten, mein Projekt überhaupt zu unterstützen!

Während meiner vier Wochen in London sank
der britische Aktienindex ›FTSE 100‹, genannt
›Footsie‹, um 0,8%. Nämlich von 5845,92 In-
dexpunkten auf 5794,80.

In den vier Wochen sind zudem, bei einem
täglichen Handelsvolumen von 1,854 Billionen
Dollar, um die 41 Billionen Dollar Devisen in
London über die Devisenbörse FOREX gehandelt worden. Mit 37% des weltweit täglichen
Volumens ist London der volumenreichste Finanzplatz der Welt, wenn es ums Devisentra-
ding geht. 100% meiner Interviewpartner wussten das, was mich beeindruckte. Sogar die fünf
Neutralen, zufällig angesprochene Fußgänger,
konnten mir über diesen Fakt Auskunft geben.
Das zeigt, dass sogar an der Finanzbranche un-

bcteiligte Einwohner Details zum Finanzplatz London wissen.

In London von mir zurückgelegte Strecke im August und September 2012: geschätzte 500.000 Meter.

Täglich benutzen 3,2 Millionen Londoner das Underground-System; an Wochentagen fast 4 Millionen. Also wurden an diesen 30 Tagen hier über 100 Millionen Mal Menschen transportiert.

Orte, an denen ich den Finanzplatz bei der Arbeit erleben konnte:
+ von innen sah ich 7-8 Hochhaus-Büros von Fonds- und Investment-Gesellschaftern und Asset-Managern [mit anderen sprach ich auf den Straßen der City oder in den von ihnen vorgeschlagenen Cafés];
+ ich besuchte das Museum der Bank of England;

+ die Führung bei der London Stock Exchange fiel leider aus – sie findet mittlerweile überhaupt nicht mehr statt!

+ das Lloyd's Building konnte ich besichtigen;

+ auf dem Trading Floor der City Group konnte ich mehrere Stunden direkt bei einem Börsenhändler dabeisein;

+ den Trading Floor der Metal Exchange konnte ich trotz harter Verhandlung wie alle Normalsterblichen doch nicht betreten;

+ besucht habe ich den Sitz der British Bankers Association.

Gespräch zweier Finanzleute in der City neben dem Tower 42

Die denkwürdigsten Aussagen …

»London is a playground for rich people.«
Jason Lloyd, Asset-Manager

»Business is about control. Mine is people business, so you need to know your partner, as you actually can't trust people with money.«
Mr. Anonymous, auf die Frage, was beim Geschäftemachen zählt

»It's the people who keep you in London, not the weather.«
James Almighty, Hedgefond-Manager

»Eigentlich keine, ich will gesund bleiben.«
Mike Group, Warrant Trader, auf die Frage,
welche Superkraft er gerne hätte für seine
Arbeit

»On a good day, about 80%.«
James Almighty, auf die Frage wie viele Leute
bei ihm im Fond arbeiten

»I had a job offer from a bank when I was 18,
but my family said I should do something
more respectfully.«
DavidDewhurst, Occupy, auf die Frage ob er
gerne in der Finanzbranche arbeiten würde

»A Tradition I would do without.«
Mr. Scooter, Investment-Manager eines
Hedgefonds, auf die Frage, weshalb alle Fi-
nanzleute einen Anzug tragen.

»There are too many Americans!«
Ben France, Trader einer britischen Invest-
mentbank, auf die Frage, was er am Finanzplatz London nicht mag

»I'd be silly, if I say no.«
Mr. Retire, Pressesprecher, auf die Frage ob
ihm etwas am Finanzplatz nicht gefällt

»The finance business is the most sexist industry towards women!«[47]
Robert Wilson, Ashoka, auf die Frage wie er sich die geringe Frauenquote in der Finanzbranche erklärt

»London reached a level of innovation, where it can get dangerous. So yes, as London can always become a bubble.«
Steve McCash, Fondsmanager, auf die Frage, ob er lieber anderswo arbeiten würde

---

[47] »Das Finanzgeschäft ist das frauenfeindlichste …«

Hier fand ich Wissenswertes: Medienliste

»The Money Machine. How the City Works"; by Philip Coggan; fully revised and updated 6th edition, Penguin Books, London 2009

»How the City Really Works. The Definite Guide to Money and Investing in London's Square Mile"; by Alexander Davidson; 3rd edition, Kogan Page, London 2010

»Cityboy. Beer And Loathing In The Square Mile"; by Geraint Anderson; updated edition, first published in 2008, Headline Publishing Group, London 2008

»City of Scandal. Capital Capers"; by William Lee Adams and Kharunya Paramaguru; TIME-Magazin, July 23, 2012, S. 18-21;

»Schäden in Milliardenhöhe«, DLF-Radio,
Sendung vom 10. September 2012

»Von Banken und Banden«, SWR2-Radio-
Sendung, ›Forum‹, 22. August 2012

»Ratingagenturen. Einblicke in die Kapital-
macht der Gegenwart«, SR2-Radio, ›Fragen an
den Autor‹, Werner Rügemer; 12. August 2012

»The City of London. Money and Power”,
BBC Dokumentation, http://www.youtube.
com/watch?v=OD0lx9MKp7Q

»Der Preis des Geldes. Ein Thementag rund
um Banken, Kredite und Macht«, 3sat-TV,
Themenabend über Banken, 3. 10. 2012

»Goldman Sachs – eine Bank lenkt die Welt«,
Arte-TV, Themenabend vom 4. 9. 2012

http://www.uk.reuters.com

http://www.bloomberg.com

http://countingpips.com/fx/2011/08/8-largest-forex-trading-centers-in-the-world/

Ich vor dem Lloyd's Building, August 2012

Danke!

Mein herzlichster Dank für ihre Hilfe geht an folgende Menschen:

Danijel Jozic, Dagmar Baltes, Bernhard Bueb und allen zis-Mitarbeitern;
meine Eltern;
Giovanni Pini, Giacomo Mergoni, Laura Pastondi;
Dirk Heß, Michael Gabel;
Ilana Taub, Rachel Sinha, Bertrand Beghin, Ben Dyson;
Brett Scott, Joris Luyendijk;
Christopher Cloke-Browne, Roz Drayer;
Lily Lapenna, Mike Mompi, Kathy Gromotka;
Julie Whittaker, Robert Wilson, Mark Cheng, Silvia Giovannoni;
Toby Rometsch
Jeremy Rogers
Alec McLaurin

Benôit Vanpoperinghe

Geraint Anderson

Hugo Griffiths

David Dewhurst, Clive Menzies, Michael Gold,
Melanie Strickland, Peter Coville, Kevin Dowd,
Geoff;

Brian Capon, Jacques Gauthe;

Erik Orbach, Jana;

Stephen Millar

Swen Lorenz

Kathy

Claire Tappenden

Miriam De Morais

Josh Stevens

Isolde

Iraklis Nikolakakos

Tim Skelton-Smith

Christoph Warrack

Dennis Lavine

Daniel McGreggor

Claire Crooks

Mila